발행 배포_ 에잇애플㈜
First published and distributed by 8apple ltd.

# GARM magazine

에잇애플 주식회사
06580 서울특별시 서초구 서래로6 B102
T: 02-537-1536
F: 02-537-1532
E-mail: info@8apple.kr
garm.8apple.kr
ⓞ garm_magazine
ⓕ garmssi

---

감01 목재
GARM ISSUE 01
WOOD

초판 1쇄 발행 2017년 7월 1일
초판 7쇄 발행 2024년 7월 5일

발행인_ 윤재선
편집장_ 심영규
에디터_ 정사은, 정신오, 정경화 ㅣ 객원에디터_ 양은혜, 박지일, 홍윤아, 김미지
자문 및 기획_ 임광혁, 김양길, 신우승, 김예원 ㅣ 디자인_ 스튜디오 플락플락 이경민
사진_ 스튜디오 다 김덕창, 김준영, 박형인, 권석준 ㅣ 국문감수_ 하명란, 김종오, 구자영

발행처_ 에잇애플㈜
출판등록_ 2017. 4. 14.(제2017-000078호)
ISBN 979-11-961156-1-6 ㅣ ISBN 979-11-961156-4-7(세트)

**8APPLE**

감씨는 에잇애플에서 발행하는 건축 재료 단행본 시리즈의 브랜드입니다.

# GARM

감01
목재

GARM ISSUE 01
WOOD

garmSSI

# Prologue

## 중간기술로의 안내

이 책은 개인의 창조력을 현실화하는 방법을 함께 논의하기 위해 만들었다. 현대사회가 고도의 분업화와 소비사회로 돌입하면서 사람들은 스스로 생각하고 만들고 꾸미기보다 '서서히 그리고 급진적으로' 구성된 공간에 맞춘 삶에 익숙해지고 있다. 나무에 못질을 해 의자를 만들어주시던 아버지의 모습은 먼 기억 속의 추억으로 남거나, 한낱 과시를 위한 남성의 로망으로 전락했다. 전등을 교체하는 일과 간단한 망치질, 그리고 사다리를 펴고 올라가 살피는 일조차도 전문가에게 맡기는 것이 일반화되었다. 그러는 사이에 사람들은 일과 사물, 공간으로부터 소외되어 인간 본연에 내재한 창조성과 창작성을 잃어버린 존재가 되어가고 있다.

인간은 스스로 생각하고 만들며 스스로 진화한다. 신인류 '호모 사피엔스(생각하는 사람)'는 '호모 파베르(도구를 사용하는 인간)'란 의미를 포함하고 있다. '도구를 사용하는 인간'이란 뜻은 도구가 인간을 구성하는 동시에 특징짓는 근원임을 말하고 있다. 즉 우리는 도구를 사용하여 자생적인 삶을 누릴 수 있는 존재다.

다행히도 최근 사회 전반적인 추세인 DIY(Do It Yourself)와 미국의 '차고 문화'(스스로 만들고 고치는 문화), 'Making Movement' 등의 동향은 인간 본연의 창조성을 되찾을 수 있는 긍정적인 변화다. 이를 바탕으로 실리콘밸리 중심의 창조경제는 새로운 산업 동향으로 자리 잡았고 눈부시게 발전하고 있다. 자신에게 필요한 것을 스스로 생각하고 만들어갈 때에 비로소 세상에 필요한 무언가를 다시 태어나게 하는 창조성이 발현된다.

한 시대를 변화시킨 애플사는 차고에서 시작했으며 스타트업(start-up)의 붐을 일으킨 테크숍(tech shop)은 차고 문화에서 시작했다. 이 책은 인간 본연의 창조성에 귀를 기울이고, 동시에 인간의 기본적 권리이며 누구나 누려야 하는 행복추구권을 사람들에게 되돌려줄 수 있는 촉매제가 되고자 한다. 사람에게 가장 중요한 의식주 중에서 머무는 '주'를 중심으로 자신의 공간을 스스로 만들 수 있는 최소한의 방안을 마련해주기 위함이다. 그 시작은 건축의 가장 작은 물리적인 단위(unit)인 재료에 대한 고찰이다.

수많은 재료 중 접근이 쉽고 많이 쓰이는 재료를 위주로 조사, 연구하였으며 재료의 특성(선택), 유통(구매), 가공(1차 가공), 조립, 보호 그리고 보수 등과 관련한 건축 재료의 사용설명서(specification)를 만드는 데 집중했고 객관적인 기준을 가지고 유사 재료들과의 비교와 발굴 그리고 평가를 그 기본 축으로 세웠다.

필자는 30년간 건축을 업으로 여기며, 뜻밖에도 건축 전문가들이 각 재료의 특성과 시공 방법을 자세히 알지 못해 잘못된 방식으로 건축하는 것을 보고 사전에 문제를 차단할 수 있고 기준이 되는 기본 사용설명서를 만들길 희망했다. 단순히 학문적인 접근보다 현장 속에서 직접 배운 사례를 토대로 실질적인 접근을 통해 시공성과 하자 예방 등과 같은 유의 사항을 비롯해, 차차 벌어질 수 있는 보수 방안을 제시하고자 한다. 하자의 원인을 규명하고 설계 단계부터 적용하기 위해 도면상의 표기 또한 중요하게 취급하길 바란다. 무엇보다 대중과의 의사소통을 위해 좀 더 세심하게 표현을 하고자 했다.

앞으로 재료에 관한 책은 기초편과 심화편으로 나누어 기본적인 내용과 전문적인 내용을 구분해 다루어 보고자 한다. 재료 선택과 구입 그리고 시공까지 복잡한 과정을 한눈에 정리하여 그 과정을 큐레이팅하려고 한다. 기존의 전문 기술자만이 다룰 수 있다고 여겨지는 특수전문 시공기술 일부를 일반인이 몇 번의 실습으로 습득할 수 있는 중간기술의 영역으로 끌어내리도록 사용 가이드를 정립하여 일반인에게 많은 부분을 전수하고자 한다.

모든 사람이 순수한 노동의 가치를 투여해 자신에게 내재된 의지를 되찾아 마땅한 권리와 행복을 찾아가길 바라며, 이 책이 그 길에 도움이 되길 염원한다.

2017년 6월
발행인 윤재선

# Editorial Letter

# Wood Odyssey

끝나지 않을 것처럼 보였던 여정이 끝났다. 건축 재료를 탐험하고 조사하기 위해 떠났던 힘겨운 여정은 많은 고난과 난관을 만나며 때론 멈췄다가, 혹은 잠시 길을 잃었다가 천신만고 끝에 고향으로 돌아온 오디세우스를 닮았다.

목재는 천연 재료다. 모든 수종이 고유한 DNA를 가진 생명체다. 같은 지역에서 난 수종이라도 기후와 연도, 환경에 따라 성질이 다르며 심지어 같은 목재라도 부위에 따라 이름이 제각각이다. 한국의 목재를 정리하고 분류하며 용어를 통일하고 알기 쉽게 대중에게 소개한다고 했을 때 많은 전문가들이 우려하고 또 만류했다. 두 가지 이유인데 분류 자체가 불가능하거나 혹은 분류해서 정리해도 시장에서 유통되지 않기 때문에 의미가 없다는 것이다. 또 한편으로 많은 전문가가 이 책의 의미에 크게 공감했다. 그간 목재에 대한 소비자와 판매자, 그리고 시공사와 건축가의 인식 차이로 인해 많은 오해가 있었다는 점 때문이다. 현실에서 목재의 수입과 생산, 가공과 유통 그리고 사용에 대해 많은 문제가 있었다는 방증이다. 이 책을 통해 강조하고 싶었던 것은 목재에 대한 '관심'이다.

사실 우리가 너무나 사랑해서 늘 가까운 곳에 두는 목재는 대부분 천연 재료가 아닌 플라스틱이나 목재의 찌꺼기를 가공한 질 낮은 제품이다. 지금 당신이 앉아 있는 책상과 의자, 벽과 창틀을 만져보라. 십중팔구 저렴한 합판이거나 목재를 가장한 화학제품일 확률이 높다. 그러나 당신이 이 책을 통해 주변을 둘러봤다면 절반은 성공한 셈이다. 주변에서 목재와 목재 아닌 것을 구별하는 것, 순수 원목인지 가공 목재인지 분별하는 것, 원목이라면 어떤 수종이나 어떤 재료인지 관찰해보는 것. 이것이 가장 중요하다.

이 책의 특징은 분류와 체계화다. 시장의 목재와 업체를 전수조사하지는 못했지만 더운 여름날 50여 개 업체를 조사하고 십수 명의 전문가를 인터뷰하며 독자적인 체계를 세워 분류 기준을 만들었다. 이를 바탕으로 독자들이 최대한 이해하기 쉽게 원고를 작성했다.

먼저 1장에서는 목재에 대한 기본적인 지식과 이해를 담았다. 2장에서는 실제로 필요한 목재의 종류를 정하기 위해 종류별 특징과 구매 방법을 다뤘으며 이를 응용해 목재를 가공하고 샘플로 제작해보는 것을 권한다. 3장에서는 목재로 지어진 건축과 건축가들을 소개하는 인터뷰 내용을 실었다. 끝으로 4장에서는 목재 업체와 가공 공방에 대한 정보와 편집팀의 큐레이션을 담았고, 목재를 종류별로 구분, 정리한 인덱스도 함께 수록했다.

이 책의 독자들은 이제 막 새로운 항해를 떠나는 오디세우스다. 낯선 목재의 세계로 흥미진진한 여행을 떠나게 된 것이다. 앞으로 예상하지 못했던 세이렌을 만날 수 있고, 폴리페모스의 동굴에 갇힐 수도 있으며, 난파와 표류 혹은 감금을 당할 수도 있다. 그러나 이 책이 그 긴 여행을 함께하는 든든한 나침반과 안내서가 되어줄 것이다.

편집장 심영규

2015년 일본 건축가 반 시게루가 설계한 퐁피두 메츠 센터(Centre Pompidou-Metz). 목구조로 된 천장이 인상적이다.

# Contents

# History of Wood

나무는 인간이 오래전부터 사용한 건축 재료 중 하나로 인류의 역사 속에서 널리 사용되어 왔다. 자연에서 쉽게 구할 수 있는 천연 재료이기 때문에 인위적이지 않은 자연스러운 아름다움이 있으며, 다른 재료에 비해 다루기가 쉽고 그 종류와 특징이 다양해 선택의 폭이 넓다. 오늘날에는 과학기술의 발달로 철재, 콘크리트, 플라스틱 등 다양한 건축 재료가 출현했지만, 목재는 그 재료만이 가지는 고유한 특성으로 지금까지 꾸준히 사용되고 있다.

## 문명의 흥망과 목재

건축이나 가구 재료로 사용되는 나무를 의미하는 독재는 흙, 돌과 더불어 가장 오래된 건축재다. 처음 인류가 출현했던 당시 나무의 쓰임은 목재라기보다 원초적인 나무 자체를 이용하는 것에 더 가까웠다. 가장 먼저 인간에게 진화적 전환점을 제공했던 불을 피우기 위한 땔감으로 이용됐고, 먹을 것을 구하기 위한 도구의 재료로 쓰였다. 목재가 건축재로 처음 사용된 시기는 정착생활에 본격적으로 접어들기 시작한 농경 시대로, 집터 둘레에 나무로 기둥을 세우고 비바람을 막기 위해 이엉을 덮어 지은 움집이 그 시작이다. 예외적으로 추운 지역에서는 동굴을 거처로 사용하기도 했지만, 일반적인 거주지나 이동식 주거지는 대부분 나뭇가지로 뼈대를 만들고 그 위에 풀이나 가죽으로 덮은 집의 형태였다.

고대 문명의 발상지인 메소포타미아 지역과 인더스강 유역에서는 목재로 사원과 궁전을 건축했고, 지붕의 보나 문, 창문 위를 가로질러 상부의 하중을 지지하는 부재인 상인방을 만드는 데 사용했다. 같은 시기 고대 이집트 문명에서는 석재 건축물인 피라미드를 쌓는 데 목재로 만든 도구를 사용하기도 했다. 고대 그리스의 석재 건축물로 유명한 파르테논 신전 역시 나무로 만들어진 기중기와 같은 기계를 이용해 무거운 대리석을 들어올려 지어졌다. 이때까지만 해도 목재는 내외관의 아름다움이 목적이 아닌, 건축물의 직접적인 힘을 받는 구조용이나 무거운 석재를 들어올리는 도구로 쓰였다. 이후 청동기시대와 철기시대를 거치면서 목재와 다른 재료들의 연결 철물을 만들 수 있는 금속이 발달하며 목공 기술은 더욱 발전된다. 덕분에 목재를 구조적으로 다양하게 활용했고 사용자의 취향에 따라 구조용을 넘어 내외장재로도 사용할 수 있게 되었다.

## 대항해시대와 목재

여러 문명이 우후죽순으로 등장하면서 목재는 건축재 외에도 문명의 발달과 쇠퇴에 큰 영향을 미칠 만큼 중요해졌다. 이 시기, 각 나라는 무역과 전쟁을 통해 각자의 문명을 발달시켰는데, 무역과 전쟁에는 선박이 꼭 필요했다. 풍부한 산림은 배를 만드는 재료인 크고 질 좋은 목재를 공급했으며 많은 배를 보유할수록 그 문명은 무역과 전쟁에 유리했다. 이후 무분별한 산림 파괴로 배를 건조할 목재의 공급이 원활하지 못하게 되면서 무역과 전쟁에서 뒤처진 문명들은 쇠락의 길을 걷게 된다. 이러한 현상은 이후 15세기 식민주의 시대까지 이어진다. 영국은 많은 나라와 전쟁을 치르기 위해 전함을 건조해야 했다. 이로 인한 목재 수요 증가는 자원의 부족과 가격 상승의 원인이 되었고 결과적으로 석탄을 발견하게 되는 계기가 됐다. 산업혁명이 일어나기 시작한 18세기 말까지 목재는 건축과 연료의 주재료로 굳건히 자리를 지켜왔다. 그러나 18세기 영국에서 산업혁명으로 석탄이 주원료로 사용되기 시작하면서 목재의 활용 가치는 낮아졌다. 게다가 19세기 초 포틀랜드 시멘트를 주원료로 한 콘크리트가 개발되며, 길고 굵은 재목을 얻기에 적합하지 않은 데다 재질이 고르지 않은 목재는 그 수요가 더욱 줄어들었다.

## 한국의 목조건축

우리나라는 국토 면적 대비 산림 면적의 비율은 높지만, 목재나 산업용으로 사용할 만한 나무가 많지 않다. 돌산이 많아 나무의 뿌리가 토양 밑으로 깊게 뿌리내리지 못하기 때문이다. 경사진 지형에서 성장하는 나무는 바람에 굴곡지거나 태양을 따라 회전하며 성장한다. 이러한 특성으로 우리나라 나무는 곧게 자라지 못하기에 건축 재료로 적합하지 않다.

그러나 건축 재료는 그 지역에 가장 많은 소재를 주로 사용하기 마련이다. 사계절이 뚜렷한 우리나라는 예부터 기후에 대한 적응력이 좋고 가공이 쉬운 목조를 건축의 기본으로 했다. 하지만 안타깝게도 외세의 잦은 침입으로 목조건축 유산은 거의 소멸되었으며 현재까지 남아있는 것은 조선시대 또는 임진왜란 이후에 지어진 건축물이 대부분이다. 일반 서민 주택부터 궁궐, 관아, 사찰 등까지, 조선시대 건축물 대부분은 목재로 지어졌다. 특히 궁궐이나 사찰은 우리나라 목조건축의 양식을 발전시킨 대표적인 분야다. 길고 곧은 목재는 기둥이나 보와 같은 구조재로 사용했으며, 굽은 목재는 부드러운 곡선미가 필요한 처마선을 만들기 위해 서까래로 사용하여 한옥만의 건축미를 발전시켰다. 건축에 쓰인 수종은 주로 소나무로, 전나무와 참나무를 부수종으로

**Story of Wood**

**17**

한국에서 가장 오래된 목조
건물인 안동의 봉정사.
사찰은 우리나라 목조건축의
양식을 발전시킨 대표적인
분야다. 사진은 2층으로 된
누각인 만세루.

반 시게루가 2013년
스위스 취리히에 설계한
타미디어(Tamedia) 본사.
강철로 된 연결 부재나 접착제를
쓰지 않고 목재만으로 씨줄과
날줄처럼 엮어 건물의 기본
뼈대를 만들었다.

사용하기도 했다. 이러한 전통건축 양식은 일제강점기에 들어서면서 일본식 목조건축과 서양식 벽돌 건물이 전통건축물을 대체하기 시작하며 감소된다.

6·25 전쟁 이후 우리나라의 산은 민둥산이 되어 건축 재료로 나무를 사용할 수 없는 환경에 처하게 되었다. 때마침 국내에서 시멘트의 대량생산이 가능해졌고, 이때부터 대부분의 건물들에 시멘트, 콘크리트를 주재료로 사용하기 시작한다. 대표적인 예가 아파트다. 정부의 재개발, 재건축 사업으로 대규모 아파트 단지가 조성되고 주거 형태의 절반 이상을 차지하게 되면서 현대사회에서 목조건축은 점점 설 자리를 잃게 되었다. 그에 따라 건축 재료로써의 목재의 이용도 감소하게 되었다.

**목재의 현재**

현재 목재는 주로 전통건축이나 목조건축의 재료로 사용되고 있다. 하지만 구조재부터 내외장재까지 두루 사용할 수 있는 유연함을 가지고 있는 것이 목재다. 다른 재료에서는 볼 수 없는 자연미와 부드러운 촉감, 재료 고유의 향, 환경친화적인 면 역시 목재만의 장점이다. 최근 콘크리트 건물이 건강과 환경을 해친다는 인식이 늘어나면서 나무에 대한 긍정적 평가와 함께 목재의 친환경적인 면이 주목받고 있다. 목조주택을 지어 도시 유목민에서 벗어나고자 하는 수요 또한 증가하고 있다. 목재의 가공 기술이 점점 발전함에 따라 목재의 단점을 보완한 합판, 집성재, 파티클 보드 등의 다양한 가공재가 생산되고 있다. 최근에는 산림청의 국립산림과학원 건물에 낙엽송이 사용되기도 했다. 또한 목재는 미래 기후변화에 대응할 수 있는 건축 재료로도 주목받는, 가능성 많은 자재다.

**목재의 미래**

최근 친환경 건축 저재료로써 목재의 단점을 극복하고 장점을 극대화하는 연구가 활발하다. 목재는 건축 재료 중 유일하게 탄소를 흡수하고 저장하며 재생산이 가능하다. 연구 방향은 목조건축의 '대형화와 고층화' 그리고 '디지털 제작'으로 정리할 수 있다.

과거에는 목재로 2~3층 규모의 건물밖에 짓지 못했다. 한국은 걸음마 단계지만 해외에는 고층 목조 건축물이 많다. 캐나다 밴쿠버에 있는 브리티시컬럼비아 대학교의 기숙사는 높이가 53m이고 무려 18층에 이른다. 1층과 코어는 콘크리트이며 나머지 17개 층은 직교적층목재(CLT, Cross Laminated Timber)다. 오스트리아 카린티아에 있는 피라미덴코겔(Pyramidenkogel) 타워는 높이가 100m에 이르는 탑으로, 목재와 강철로 만들어졌다. 덴마크의 씨에프 묄러 아키텍츠(C.F. Møller Architects)는 34층의 목재 아파트를 짓고 있다. 한국에서는 국립산림과학원을 중심으로 연구가 진행 중인데 2016년에는 4층의 종합연구동(p.96 참고)이 완공됐고, 2018년에는 아파트를 5층 규모로, 2022년에는 10층 규모로 짓겠다는 계획을 세웠다.

두 번째는 '디지털 제작'이다. 한 단계 더 나아가 목재는 다루기 쉽고 가공이 용이하다. 컴퓨터 기술을 이용한 자동가공(CNC, Computer Numerical Control)도 가능하다. 공장에서 건축 도면은 컴퓨터가 읽을 수 있는 공작도로 전환된다. 이 도면을 바탕으로 목재가 가공되고 가공된 목재가 포장되어 현장으로 배달된다. 현장에서는 기둥과 보가 조합된다. 먼 미래의 이야기가 아니다. 과거에는 의자가 필요하면 목수를 고용했다. 오늘날엔 브라질의 목재를 사용해 스웨덴의 디자인으로 중국에서 생산한다. 앞으로는 필요한 디자인을 내려받아 직접 제작할 수 있는 시대가 열릴 것이다. 정보 공유도 '제작 시대'의 촉매제가 되고 있다. 독일의 요한 그로스(Jochen Gros) 교수와 프리드리히 술처(Friedrich Sulzer)는 CNC 기계와 레이저 재단기를 이용해 디지털 제작에 사용할 수 있는 50개 목재 접합을 온라인에 공개했다. 직접 조립을 위한 PDF 안내서도 함께 공개했다(flexiblestream.org). 목재의 다양성을 늘리기 위해 국제산림관리회(The Forest Stewardship Council of Denmark)는 온라인 데이터베이스를 만들었다(www.lesserknowntimberspecies.com). 현재 5,000여 종의 열대 목재가 있으나 일부만 활용되고 있고, 200여 종이 넘는 목재와 50여 개의 적용 사례가 소개되고 있다.

2020년 도쿄올림픽 주경기장의 설계안으로 건축가 구마 겐고가 디자인한 목재 경기장이 당선됐다는 소식은 많은 시사점을 제공한다. 구마 겐고는 세계적인 목조건축가로 과거 콘크리트와 유리를 주로 사용했지만 최근에는 대나무와 목재를 주로 사용한다. 그는 "인간과 자연의 실제적 중개의 재료로 목재를 재도입해야 한다"고 말한다. 앞으로 목재의 시대가 다시 열릴 수 있다.

다양한 무늬와 종류를 가진 내장재

(위쪽부터)
호두나무(walnut) Wfi06
백단풍나무(white maple)
화이트 애쉬(white ash)
미송(hemlock, 헴록) Wtc01 Wc04 Wfi05
티크(tea<) Wfi11
벚나무(cherry blossoms, 체리 블로섬) Wfi09
너도밤나무(beech, 비치) Wfi14
미송(hemlock, 헴록) Wtc01 Wc04 Wfi05
적참나무(red oak, 레드 오크) Wfi02

# Sort of Wood

## 목재의 종류

양은혜 에디터

목재는 기준에 따라 다양하게 분류된다. 나무는 자체 DNA가 있어 같은 환경에서 성장한 동일한 수종이라도 성장 배경과 그 반응에 따라 각기 다른 문양, 옹이, 강도, 결 등으로 흔적이 나타난다. 나무의 나이테를 사람의 지문에 비유하는 이유는 같은 나이테를 지닌 나무가 없기 때문일 것이다.

### 성장과 용도

흔히 나뭇잎 모양으로 구분하는 침엽수와 활엽수는 재질에 따라 부드러운 연재(軟材)와 단단한 경재(硬材)로 나뉜다. 일부 책에서는 연목과 경목, 소프트우드, 하드우드로 표기하기도 하는데 이 책에서는 건축용 재료의 관점에서 연재와 경재로 표기한다.

일반적으로 연재는 강도가 낮은 침엽수, 경재는 강도가 높은 활엽수로 구분하지만 수종에 따른 예외도 있다. 강도의 높고 낮음은 밀도의 높고 낮음과 같은 의미다. 건축 자재로 가볍고 부드러운 침엽수를 주로 사용하는 이유는 잎이 뾰족하여 성장 속도가 빠른 대신, 밀도가 낮아 가공이 쉽고 가격이 저렴하기 때문이다. 반면 활엽수는 침엽수에 비해 잎이 넓어 성장 속도가 느리고 밀도가 매우 높아 가격 또한 비싸다.

건축 자재용으로 많이 사용되는 침엽수는 적송(red pine, 레드 파인)Wtc02, 해송(black pine)Wc12, 삼나무(japanese ceader, 스기)Wfe02 Wc05, 전나무(niddle fir)Wc06가 있고, 활엽수로는 오동나무(paulownia)Wfi10, 밤나무(chestnut, 재패니즈 체스트넛)Wfi15, 느티나무(sawleaf zelkova, 게야끼)Wc08, 단풍나무(maple, 메이플)Wfi08, 박달나무, 참나무(oak, 오크)Wc03, 자작나무(birch, 버치)Wfu07 등이 있다. 이는 기둥이 높고 곧게 자라는 수종으로 건축 자재로 유용하기 때문이다.

건축 재료는 용도를 기준으로는 임시로 설치되고 해체되는 가설재, 힘을 받는 구조체에 사용되는 구조재, 인테리어에 사용되는 내장재, 건물의 표피로 사용되는 외장재, 가구를 만드는 가구재 등으로 구분한다. 용도에 따른 분류는 업체마다 달라지기도 한다. 한 유명 업체는 판매와 관리의 편의를 위해 '손스침(둥근 난간재)', '아트월', '계단', '테이블', '바닥재'로 구분하기도 한다. 이 책에서는 대표적으로 구조재, 내장재, 외장재를 소개한다.

구조재는 구조용과 마감용으로 구분하는데 이 둘의 차이는 외부 노출의 여부가 기준이 된다. 인테리어를 할 때 구조재가 외부에 노출되는 경우 사면이 대패로 마감된 구조용 구조재를 사용하는데 이를 마감용 구조재라고 칭한다. 구조재는 내부에서 상층의 힘을 받는 내력벽(耐力壁, 건축물에서 위층의 무게를 받거나 공간을 수직으로 구획하는 벽으로 주요 구조부에 해당하는 벽)과 기둥, 바닥의 하중을 받는 하지재 등으로 사용된다. 많이 사용되는 수종은 소나무, 삼나무, 낙엽송, 참나무이다. 각 수종별 특징은 2장에서 자세히 다루기로 한다.

내장재로 주로 사용되는 수종은 미송(douglas fir, 북미산 소나무)Wfu04, 물푸레나무(ash, 애쉬)Wfu03, 참나무(oak, 오크)Wc03, 티크(teak)Wfi11, 호두나무(walnut, 월넛)Wfi06, 벚나무(cherry blossoms, 체리 블로섬)Wfi09다. 가문비나무(spruce, 스프루스)Wfe01의 경우, 옹이가 있는 목재는 구조재로 사용되지

2×2
2×4
2×6
2×8

구조재로는 소나무, 삼나무, 낙엽송, 참나무 등이 주로 사용된다.

외장재는 수축, 팽창이 적어야
한다. 사진은 대표적인 외장재인
데크재의 다양한 종류.

(위쪽부터)
모말라(momala) <u>Wfe08</u>
뿌낙(punak) <u>Wfe20</u>
방킬라이(bankilrai) <u>Wfe06</u>
울린(ulin)
멀바우(merbau) <u>Wfe04</u>
잠부잠부(jambu jambu) <u>Wfe16</u>
이페(ipe) <u>Wfe05</u>

못하고 치장재인 루버(측면이 양각, 음각으로 끼워 붙일 수 있는 형태로 가공된 판재), 마루, 몰딩(천장, 바닥 판재의 이음매를 보이지 않도록 마무리한 띠), 아트월(art wall: 흔히 빌라나 아파트 거실의 벽 한 면을 타일이나 목재, 무늬 벽지 등으로 치장한 것을 칭함) 등으로 사용된다. 내장재로는 외장재와 구조재에 해당하는 수종은 모두 사용할 수 있다.

외장재로 사용되는 수종은 수축, 팽창이 적은 나무를 사용해야 하는데 저렴한 가문비나무, 삼나무(cedar, 시더)나 적삼목(red cedar, 레드 시더)Wfe03 등을 주로 사용한다. 그 외에 이페(ipe)Wfe05, 멀바우(merbau)Wfe04, 방킬라이(bankilrai) 등으로 이들은 데크, 지붕 건물의 외벽을 피복하는 데 사용하는 사이딩(siding), 등으로 사용된다. 이밖에도 울린(ulin), 잠부잠부(jambu jambu)Wfe16, 말라스(malas)Wfe09, 큐링(keuring)Wfe10이 있다.

더불어 내. 외부를 장식하는 수장재(修裝材, 흔히 치장재라고 칭함)로는 선명한 나이테와 나뭇결이 있는 수종인 적송, 홍송, 낙엽송, 느티나무, 단풍나무, 오동나무 등이 사용된다.

## 가공 목재의 종류
수종별 분류 외에도 물리적 성질을 더욱 향상하기 위해 가공한 목재도 있다. 이 책에서는 가공목이라고 정의한다. 가공목에는 공학 목재, 탄화목(열처리목)Wen01, 무늬목Wen02, 방부목Wen03 등이 있다. 대표적인 가공목재로 일반 목재의 구조적 성질을 개량해 만든 공학목재가 있다. 공학 목재는 강도가 높으며 길고 넓은 부재로 가공할 수 있어 대형 구조물이나 건축의 뼈대 등 다양한 분야에 쓰인다. 공학목재는 일반적으로 집성독(glulam, 글루램)Wen04-1, 아이형 장선(I-Joist, 아이조이스트)Wen04-2, 단판적층재(Laminated Veneer Lumber, LVL)Wen04-3, 판상재Wen04-4 등 크게 네 가지로 구분된다. 이 중 집성목은 경민산업과의 인터뷰(p.28 참고)를 통해, 구조용 판상재의 대표라 할 수 있는 합판(p.50 참고)은 뒤에서 자세히 다룬다.

두 번째 가공목으로 탄화목이 있다. 탄화목은 목재에 열처리를 가하여 목재의 물성을 파괴함으로써 변형되는 현상을 막은

연목을 얇게 켜낸 무늬목.

주변에 있는 목재는 알고 보면 대부분 시트지 필름과 같은 플라스틱으로 '무늬만' 목재다.

목재다. 이러한 특성으로 탄화목은 보통 외장재에 사용된다.

무늬목은 연목을 얇게 썰어낸 것으로 시각적인 패턴만 원목의 결을 보여주는 게 아니라 실제 원목이 얇게 접착된 나뭇결로 마감된다.

방부목은 목재에 크롬, 구리, 비소 등으로 구성된 목재보존제를 침투시켜 방부 처리한 자재로, 외기나 습기에 노출된 곳에 주로 사용한다.

## 목재의 매력 속으로
이처럼 건축 재료별 용도에 따른 수종은 위에서 언급한 목재 외에도 많다. 목재의 다양한 수종에 비해 유통은 관리와 생산이 수월한 몇 가지와 합판 그리고 보드 중심으로 이뤄지다 보니 각각의 수종이 지닌 특징과 차이점을 발견하기 쉽지 않다. 민경오 전 영림목재 부장은 "과거 아파트엔 몰딩, 천장, 문도 모두 목재였지만 최근 아파트엔 거의 사용하지 않는다"며 "A/S 부담이 적고 가격이 저렴한 시트지의 발전 그리고 순수 목재를 접해볼 수 있는 기회가 많지 않아 건축주가 목재의 장점을 잘 모른다"고 안타까워했다. 그는 "일본, 캐나다, 미국은 학교에 시멘트 바닥을 했을 때 정서적 영향은 어떻고, 어떤 성격의 변화가 일어나는지 장기적으로 연구했다"며 세분화된 목재의 연구가 필요하다고 제언한다.

이제부터 목재의 종류, 선별 방법, 구매 방법을 구체적으로 알아보자. 그리고 직접 도구를 들어 목재를 가공해 본다. 지금부터 목재의 매력에 빠져보자.

목재는 자연재라 고유한 DNA를
가지고 있어 일률적으로 분류하고
구분하기가 쉽지 않다.

# Terminology of Wood

## 목재 용어 정리

양은혜 에디터

한국에서 통용되는 목재 용어는 혼란 그 자체다. 수종의 학명과 현장에서 통용되는 용어는 국어, 영어, 일어 등으로 혼재되어 있다. 게다가 업체에서 별도로 상품명을 개발해 칭하기도 하며 유행에 따라 같은 목재를 다르게 표현하기도 한다. 이렇게 정리되어 있지 않은 용어는 소비자와 업체 간 소통에 혼선을 주어 오해를 불러일으키기 일쑤다.

### 목재 용어와 단위의 통일

목재 용어가 정리된다면 정확한 수종과 정보, 명칭으로 소비자와 업체 간 투명한 소통이 가능하다. 그러나 오랜 시간 관습처럼 부르던 명칭을 한순간에 통일하기란 쉽지 않다. 지금부터라도 몇 가지 기준을 정해 가급적 통일하도록 유도하는 것이 바람직하다. 이 책에서는 혼재된 목재 용어에 대해 자체적인 기준을 만들어 사용한다. 학명을 사용하지 않고 한글을 우선으로 하되, 한글이 없는 경우는 영문을 차선으로 한다. 각 장에서는 괄호 안에 동의어를 처음 한 번만 표시하고 이후에는 표시하지 않는다.

### 목재의 명칭

생물학적 분류는 계 > 문 > 강 > 목 > 과 > 속 > 종으로 나뉜다. 각각의 의미는 경계할 계(界, kingdom), 문 문(門, phylum), 벼리 강(綱, class), 눈 목(目, order), 과정 과(科, family), 이을 속(屬, genus), 씨 종(種, species)이라는 뜻이다. 보통 수종은 '속'과 '종'으로 분류하는데 건축 재료로서 목재는 다른 기준이 필요하다. 같은 수종이더라도 지역과 환경에 따라 나무의 등급이 나뉘기 때문이다.

### 미송, 뉴송, 카송, 소송의 차이

미송, 뉴송, 카송, 소송은 모두 소나무과(科)의 솔송나무종(種)으로 수입 국가명이 합쳐진 합성어다. 미송은 미국 솔송나무Wfi05 Wc01, 뉴송은 뉴질랜드 솔송나무, 카송은 캐나다 솔송나무Wtc01, 소송은 '소스나'라 불리기도 하는 러시아(소련) 솔송나무를 말한다. 미송은 주로 내장재로 사용되며 뉴송은 가설재, 카송은 가설재와 방부목을 만드는 데 사용된다.

### 미송의 다의어

미송은 미국 솔송나무(western hemlock, 웨스턴 헴록)를 가리킨다. 미송을 칭하는 용어는 매우 다양하다. 이는 국내에서 오랜 시간 동안 침엽수의 소나무과에 속하는 솔송나무(hemlock, 헴록), 잣나무Wc09, 가문비나무(각각 이니셜을 따서 S.P.F라고도 한다)가 다른 수종임에도 수피가 소나무Wtc02와 비슷해 미송이라고 불렸기 때문이다. 그러나 지금은 솔송나무만 미송으로 불리고 있다. 같은 수종도 지역에 따라 다른 특성으로 인해 명칭이 달라진다. 일반적으로 불리는 S.P.F와 별도로 웨스턴 헴록과 아마빌리스 퍼를 묶어서 헴-퍼(hem-fir)라고 지칭한다.

### 빵재는 무엇인가

빵재는 넓은 원목 판재, 즉 우드 슬랩(wood slab)을 업체에서 부르는 명칭이다. 나무의 수피를 가공하지 않고 세로로 절단한 목재로 요즘에는 테이블 톱(table top)이라고 불린다. 원목의 절단된 단면이 식빵 모양 같거나 떡판과 같다고 해서 붙여진 이름이다. 빵재, 우드 슬랩, 테이블 톱, 떡판은 모두 같은 명칭이지만 이 중에서 맞는 표현은 우드 슬랩이다.

### 적송≠홍송

소나무과인 적송Wtc02과 홍송Wfu02은 자칫 같은 수종으로 헷갈리기 쉽다. 그러나 적송(red pine, 레드 파인)은 소나무, 홍송(douglas fir, 더글라스 퍼)은 잣나무로 다른 수종이다.

### 다루끼, 투바이, 오비끼의 진실

긴 원목을 네 개의 각으로 쪼갠 각재는 크기(가로×세로×높이, mm)에 따라 다른 명칭을 가지고 있다. 국내에서는 다루끼, 투바이, 오비끼로 불리는데 세 단어 모두 일본의 잔재다. 각각의 크기는 다루끼는 30×30×3600mm 또는 27×27×3600mm, 투바이는 30×69×3600mm 또는 30×65×3600mm이며, 오비끼는 81×81×3600mm이다.

### 기타 목재 용어

자연목은 '올드 그로스(old growth)', 조림목은 '세컨드 그로스(second growth)'라고 한다. 옹이가 있는 목재를 유절(有節), 옹이가 없는 목재를 무절(無節)이라고 칭한다.

### 목재와 단위

목재의 용어처럼 규격도 통일되어야 한다. 취급 단위에 따라 목재의 가격이 매겨지기 때문이다. 일반적으로 목재 가격은 '재'라는

단위가 사용된다. 목재 계산법은 미터법으로 규정되어 있음에도 불구하고 목재 업계에서는 여러 단위가 혼재되어 있다. 바닥재는 '헤배'나 '평'당으로 유통되며, 구조목은 개수로 판매한다. 정형화된 목재를 판매할 때에는 '자'당으로 하는데 이러한 방식은 업체끼리 많이 사용한다. 수입목의 특성상 인치를 사용하기도 하지만 일제강점기에 발달한 목재업의 잔재로 이미 목재 1세대들이 일반적으로 평, 재와 같은 척근법 단위와 계산법을 사용하기 때문이다. 그러나 건축 분야와 소비자는 현재 도량법에 따라 미터법을 사용하고 있는 만큼 미터법으로 통일해야 한다.

가공 묵재의 길이 단위는 반드시 올림으로 계산한다 예를 들어, 세 자는 909mm인데, 901mm부터 1200mm까지 모두 네 자로 계산한다. 각재의 단위는 1×4(원바이포), 2×4(투바이포), 2×6(투바이식스) 등의 용어를 사용한다. 각각은 1×4in(두께 25.4/폭 101.6mm), 2×4in(두께 50.8/폭 101.6mm), 2×6in(두께 50.8/폭 152.4mm)을 말한다.

## 재 ⋯ 미터법 환산하기

척근법의 체적을 나타내는 재는 일본말로 '사이'라고 불리며 현장에서 주로 쓰인다. 마치 면적에서 제곱미터 대신 평을 즐겨 사용하는 것과 같다. 척근법의 면적인 평은 평×3.3058을 하여 제곱미터로 변환할 수 있다. 마찬가지로 재를 미터법으로 바꾸려면 ÷300을 하면 된다. 1입방미터(m³)는 약 300재이기 때문이다.

그러나 각목이 아닌 원목 계산법은 다르다. 재 단위로 된 둥근 원목의 부피는 원의 넓이×원의 높이÷0.00333을 하여 m³로 환산한다.

또한 목재는 가공하고자 하는 규격보다 3mm 정도 여유를 두고 주문해야 한다. 마디가 있는 유절과 대패질, 톱의 두께 등에 따라 가공 후 규격이 달라지기 때문이다.

이 책에 등장하는 주요 목재 용어를 여섯 가지로 분류하고 그에 속한 수종을 오른쪽 표로 정리했다. 상위에 있을수록 자주 등장하는 목재다.

### 가설재

솔송나무(hemlock, 헴록)=미송, 뉴송, 소송
소나무(red wood, 레드 파인)
편백나무(cypress, 사이프러스)
나왕(lauan)
고무나무(rubber wood)
떡갈나무(daimyo oak)

### 구조재

소나무(red pine, 레드 파인)
낙엽송(larch)
참나무(oak)
솔송나무(hemlock, 헴록)-미송이라 칭함
삼나무(japanese ceder, 스기)
전나무(niddle fir)
오동나무(paulownia, 파울로니아)
느티나무(sawleaf zelkova, 게야끼)
잣나무(nut pine)

### 내장재

백참나무(white oak, 화이트 오크)
적참나무(red oak, 레드 오크)
가문비나무(spruce, 스프루스)
물푸레나무(ash, 에쉬)
솔송나무(hemlock, 헴록)-미송이라 칭함
호두나무(walnut, 월넛)
멀바우(merbau)
단풍나무(maple, 메이플)
벚나무(cherry blossoms, 체리 블로섬)
오동나무(paulownia, 파울로니아)
티크(teak)
편백나무(cypress, 사이프러스)
흑단(ebony, 에보니)
너도밤나무(beech, 비치)
밤나무(japanese chestnut, 재패니즈 체스트넛)
이페(ipe)
오리나무(alder, 앨더)
향나무(juniper, 쥬니퍼)
마호가니(mahogany)
비자나무(nutmeg)
방킬라이(bankilrai)
웬지(wenge)

### 외장재

가문비나무(spruce, 스프루스)
삼나무(japanese cedar, 스기)
적삼목(western red cedar)
멀바우(merbau)
이페(ipe)
방킬라이(bankilrai)
마호가니(mahogany)
모말라(momala)
말라스(malas)
큐링(keruing)

### 가구재

가문비나무(spruce, 스프루스)
홍송(douglas fir, 더글라스 퍼)
물푸레나무(ash, 에쉬)
솔송나무(hemlock, 헴록)-미송이라 칭함
호두나무(walnut, 월넛)
밤나무(japanese chestnut, 재패니즈 체스트넛)
자작나무(birch, 버치)
장미목(rosewood, 로즈우드)
가래나무(orekh, 오레크)
감나무(persimmon)
버드나무(willow)
은행나무(gingko)
웬지(wenge)

### 가공목재

집성목(glulam, 글루램)
탄화목(thermowood)
무늬목(veneer)
방부목(preserved wood)
MDF(Medium Density Fiberboard)
단판적층재(LVL)
아이형 장선(I-Joist)
일반합판(plywood)
코어합판(black board)
미송합판(hemlock plywood)
자작합판(birch plywood)
코어합판(black board)

*각 목재는 국문명과 영문명, 별칭을 표기한 것이다. 표준어로 사용되거나 외래어로 불리는 것은 별칭을 생략한다.

용어정리
1치(촌, 자이라고도 한다)=3.03cm=0.0303m
1자(=1척, 尺)=10치=30.3cm
1재(사이)=1치(가로)×1치(세로)×12자(길이)=0.0303m×0.0303m×3.636m=0.00333㎥

공학 목재의 최전선, 집성목
경민산업 대표 이한식

심영규 에디터

공학목재는 목재의 단점인 약한 강도와 내구성, 변형성을 해결하기 위해 인공 처리를 거친 재료로, 일률적인 강도와 물리적 성질을 갖췄다. 이는 큰 힘을 받는 건축 구조용 재료로 많이 사용된다. 경민산업은 오랫동안 공학목재의 대명사인 집성목Wen04-1을 개발하고 연구해 온 업체다. 특히 건축 구조용 집성재를 전문적으로 다루며 경기장이나 컨벤션홀 같은 대공간을 목구조로 만들었고 동시에 공사까지 직접 시행해 왔다. 또한 대형 3D CAD/CAM 시스템을 갖추고 있어 15m 이상의 긴 부자재나 원형, 곡면 가공이 가능하다. 인천 서구에 위치한 공장에서 이한식 대표와 만났다.

**감씨(감)** 오랫동안 목재, 특히 집성목만 전문적으로 다뤄왔다.

**이한식(이)** 국가마다 주로 사용하는 천연 건축 재료가 다르다. 그리스는 돌을 건축 재료로 많이 사용한다. 우리나라는 옛날부터 목재가 풍부해 한옥이 발전했고, 전쟁 이후로 민둥산이 되자 주로 시멘트를 건축 재료로 사용했다. 한국건축과 목재는 뗄 수 없는 관계다. 1975년 부친이 시작한 목재 사업을 이어받았다. 유학 당시 현장에서 직접 배운 것을 바탕으로 1990년대 초반에 사업을 시작했고 1995년부터 집성목을 개발하고 생산해 왔다. 제대로 된 시공을 위해 전문 건설업까지 시작했다. 집성목만으로도 개발하고 할 일이 많기 때문에 다른 분야로 시선을 돌릴 여유가 없다.

**감** 집성목은 어떻게 만들어지나?

**이** 우리는 대부분 국내산 낙엽송을 사용한다. 목재는 옹이와 같은 결점이 있어 건축 구조 재료로 충분한 강도를 가지지 못하는데, 우리는 이런 부분을 절단하고 접합하는 기술이 뛰어나다. 지그재그로 절단한 목재의 두 단면 사이에 접착제를 바르고 열처리하여 붙인다. 이렇게 이은 다음에는 목재의 사면을 사포질해 수평을 맞춘다. 일반 업체에서는 후반 작업이 잘 이뤄지지 않는다. 그러나 건축 재료, 구조재로 사용되기 위해서는 한 치의 오차도 없어야 하기에 이러한 과정이 중요하다. 공장 내에 있는 실험실에서는 강도 실험을 통해 집성목의 취약한 지점을 확인한다. 또한 철물접합 기술도 자체적으로 개발하고 있다. 강도와 그에 따른 심의 종류,

방향과 구도에 대한 연구는 계속 진행되고 있다.

**감** 거대한 CNC 시설이 인상적이다.

**이** CNC에 직선과 3D 절단이 가능한 기계를 보유하고 있다. 특히, 3D CNC의 경우는 로켓 등을 만드는 데에 사용되는 기계로 곡선과 3D 형태를 매우 정밀한 레이저 커팅으로 오차 없이 절단할 수 있다. 가로세로 길이는 약 10×12m 정도 된다. 종교시설, 강당, 클럽하우스, 어린이집 같은 대형 목구조 작업을 하는 데 주로 사용된다.

**감** 한국에서는 좋은 건축용 목재를 구하기 어렵다. 목재 건축이 발전하기 어려운 시장 아닌가?

**이** 현재 국내에서 유행인 전원주택은 목구조는 맞지만 경제적으로만 짓다 보니 목재의 장점을 살리지 못한 반쪽짜리다. 완공 직후엔 차이를 느낄 수 없지만 6개월에서 1년이 지나면 제대로 짓지 않았다는 사실을 알게 된다. 전원주택이라는 명칭 자체도 문제가 있다. 도심에 짓지 않고 전원에 짓다 보니 그렇게 붙여졌다. 목구조주택은 일반적으로 2×4, 2×6인 경량 목재로 짓는다. 좀 더 가볍게 짓기 위해서다. 하지만 이는 내부 프레임만 목구조로 할 뿐이지 진정한 목구조는 아니다. 통나무 같은 중량 원목을 적용하는 것이 더 좋다. 우리에게 친숙한 한옥도 통나무, 즉 중량목구조이지 않은가?

**감** 자재만 유통하는 곳과 달리 목재 시공까지 함께 한다.

**이** 처음엔 유통만 했다. 그러나 다양한 디자인과 실험적인 작업 의뢰가 들어오고 우리가 시공을 위해 디테일을 해결해도 그대로 지어지는 경우가 적었다. 아예 시공사를 차려 우리가 연구하고 개발한 제품을 제대로 시공하고 싶었다.

# Reportage 2

## 원목의 무늬를 살리다, 무늬목
### 셀포우드 대표 임경수

심영규 에디터

자연목재의 질감과 무늬를 최대한 살리며 시공성을 높이기 위해 무늬목으로 가공해 사용한다. 여기에서는 천연목재가 아닌 목재의 변신을 살펴본다. 국내에서 무늬목Wen02을 전문적으로 개발하고 유통하는 임경수 대표를 만났다. 그는 현재 한국무늬목협회 회장으로 있으며 40년간 미국, 동남아, 아프리카, 러시아 등지에서 원목을 수입하는 일을 해왔다.

**감씨(감)** 무늬목에 대해 소개해 달라.
**임경수(임)** 보통 소비자들은 깨끗하고 결점이 없는 나무만 찾는다. 그러나 목재 선진국에선 옹이도 있고 자연스러운 목재를 찾는다. 결점이 없는 나무를 찾으려면 결국 필름을 씌우거나 염색을 해야 한다. 우리가 목재라고 생각하고 있는 대부분은 인쇄된 것이다. 이는 발암물질 생성과 더불어 화재가 났을 때에 인체에 매우 치명적이다. 반면 천연목은 손질이 많이 가고 가격도 비싸다. 이렇게 원목과 필름의 장점을 결합해 만든 게 무늬목이다. 같은 면적이면 무늬목은 천연 목재보다 저렴하다. 제곱미터당 1,500원에서 1만 5,000원까지 비교적 낮은 가격에 천연목의 재질감을 줄 수 있다.

**감** 무늬목을 만드는 과정이 궁금하다.
**임** 먼저 제재한 목재를 부드럽게 만들기 위해 85℃ 이상의 온수에서 72시간 이상 삶는다. 목재가 연해지면 얇게 잘라내고 표백과 염색을 하는 과정을 거친다. 표백과 염색은 특별한 기술이 필요한데 우리 회사는 많은 투자와 연구 끝에 알맞은 기술을 자체적으로 개발했다. 나무 중에는 염색이 되는 것과 그렇지 않은 것이 있다. 때문에 모든 목재를 무늬목으로 만들 수 없다. 주로 사용하는 목재는 물푸레나무, 참나무, 호두나무 등 60가지 정도의 특수목이다. 같은 수종이라도 염색할 수 있는 정도가 다르다. 무늬목은 두께가 얇아 비치기 때문에 사용할 때에는 초배지나 백나왕 무늬를 바른 뒤 시공한다.

무늬목은 원목과 필름의 장점을 동시에 가지고 있어 가구나 마감재 등에 두루 사용된다.

**감** 선호하는 제품 등에 대해 소개해 달라.
**임** 가장 고급 제품은 실크오크로 제곱미터당 1만 5,000원이다. 개인적으로 선호하는 제품은 세티누스다. 색이 천차만별로 중후하고 무늬가 다양하다. 요즘에는 회색 제품이 인기가 많다. 최근에는 목재 타일 제품인 우드스페이스를 개발했다. 300mm×300mm 크기의 무늬목 뒷면에 양면 접착제가 붙어있어 소비자가 원하는 곳에 제품을 직접 붙일 수 있다. 목재 타일의 두께는 4.5, 6, 9mm가 있다. 그리고 목재 타일의 간격을 일정하게 맞춰주는 타일 간격재가 있다. 가격은 흑단 한 박스가 1제곱미터당 3만 5,000~4만 5,000원이다.

# Interview

## 나무, 그 강인한 자연을 널리 알리다

『우드플래닛』 매거진 발행인 육상수

정사은 에디터

인류의 시작부터 현재까지 우리와 함께하고 있는 재료인 나무. 지난 2010년부터 목재를 뚝심 있게 다뤄온 매거진 『우드플래닛』 육상수 발행인과 함께 나무의 과거, 현재 그리고 미래를 이야기했다.

**감씨(감)** 『우드플래닛』은 나무만 다루는 잡지다. 지난 7년간 책을 만들며 찾은 나무의 본질은 무엇인가?

**육상수(육)** 자연은 야성이다. 그래서 바로 사용하기 어렵다. 요리를 생각해 보자. 원재료를 활용하기 위해 익히고 조미하고 가공해야 한다. 목재 역시 사람이 쓰기 위해 한 번 그 기운을 죽여야 한다. 다시 말해 숙성이다. 잡지를 만들기 전에 목재로 집을 지어본 경험이 있다. 업체에서는 목재를 판매하면서 그것에 대한 정확한 정보를 전하지는 않았다. 그래서 시행착오도 많이 겪었다. 우리가 목재를 잘 쓸 수 있으려면 이해가 필요했고 그래서 이를 정리하고 표준화해 소비자에게 전달하는 역할을 하고 싶었다. 한데, 7년이 지난 지금은 "목재는 표준화가 불가능하다"는 결론을 내렸다(웃음).

**감** 표준화가 어려운 이유는 무엇인가?

**육** 나무는 변화무쌍한 재료다. 성장 환경이나 수종에 따라 변수가 많다. 또, 같은 환경에서 같은 모양으로 자라는 공산품도 아니다. 그래서 목재의 변수를 가이드해 줄 수는 있지만, 통일된 수치로 규정할 수는 없다. 문제는 또 있다. 국내 목재 시장은 목재를 번들로 묶어 판매하며, 취급하는 수종과 규격도 제한적이다. 목재 시장의 발전을 위해서는 생소한 수종에 도전하여 다루는 폭을 넓혀야 하는데, 업체에서 이러한 수종의 하자와 관리를 감당하지 못해 취급하지 않는 실정이다. 현실적인 어려움도 목재 시장의 확대를 저해하는 요소다.

**감** 사람들이 나무에 대해 오해하는 것이 있다면?

**육** 나무는 관리가 어렵다고 생각한다. 뒤틀리고 벌어지는 특성 때문이다. 하지만 좋은 나무를 잘 제재하고 건조해 전문 목수가 만든 나무는 습도에 잘 적응하고 색감도 오래 지속된다. 우리 집에는 이십여 년 전에 산 원목 장롱이 하나 있다. 신기하게도 지금까지 문짝 하나 틀어지지 않고 잘 쓰고 있다. 그런데 생각해 보면 갈라지고 뒤틀리는 것이 잘못된 것은 아니다. 나무는 생물(生物)이다. 어찌 보면 움직이는 것이 당연할지도 모른다. 자연에서 나무는 바위도 깰 만큼 강한 존재다. 인류가 숲에서 나고 자란 것을 생각하면, 나무에 대한 회귀는 당연한 것인지도 모른다.

**감** 좋은 나무, 전문 목수가 만든 가구는 비싸지 않은가?

**육** 처음에는 고가이기 때문에 좋은 나무로 만든 가구 구입을 망설인다. 하지만 그 참맛을 알고 나면 좋은 가구로 집을 채우는 데 오래 걸리지 않는다. 늘 디지털 음원을 듣다가 턴테이블로 소리를 들으면 음질의 차이를 바로 알 수는 없지만, 턴테이블을 듣다가 디지털 음원으로 재생되는 소리를 들으면 그 풍부한 음색이 사라지는 것을 알게 되는 것과 마찬가지다. 그래서 하나씩 하나씩 사는 것이다. 좋은 나무, 잘 만든 가구가 주는 힘은 공간적으로도, 생활에서도 분명 크다. 그래서 그걸 선택하는 기준과 정보가 점점 중요해지는 것이다. 소비자도 좋은 걸 알아야 구매하지 않겠는가.

**감** 가구에 쓸 만한 나무를 추천한다면?

**육** 우리나라 사람들은 호두나무, 참나무, 물푸레나무를 많이 사용한다. 물론 목수들이 이 수종들만 집중적으로 사용해 가구를 만들어 내기 때문이기도 하다. 그 외 장미목과 티크, 벚나무 등도 쓴다. 모두 단단한 목재다. 하드우드는 가공이 어렵지만 문양과 색감에서 특유의 고급스러운 분위기가 난다. 향나무의 일종인 황삼나무(옐로우 시더)와 편백나무, 삼나무는 내장재로 쓰기 좋은데 곰팡이가 피지 않고 벌레가 생기지 않는다. 특히 물이 닿아도 잘 썩지 않고 휨이 적으며 피톤치드도 발생해 욕실처럼 물이 닿는 곳에 쓰기 좋다. 개인적으로 사람과 연관된 곳은 연재(침엽수), 장식적인 기능을 하는 곳은 경재(활엽수)를 추천한다. 다양한 목재를 볼 수 있는 목재회사로 '유림목재'가 있는데 혹시 공부가 필요하면 방문하기를 권한다. 하드우드 수종과 쓰임의 좋은 예를 다양하게 볼 수 있다.

**감** 잡지를 만들며 목조주택도 많이 경험하지 않았나? 목조주택에 주로 쓰이는 나무가 궁금하다.

**육** 목조주택과 콘크리트주택은 뼈대를 만드는 재료의 차이다. 구조목으로 쓰이는 목재는 대개 가문비나무, 전나무, 소나무 계열이다. 구조목을 2×6~2×12in로 가공해서 뼈대를 세우고, 콘크리트 구조는 철근을 촘촘히 배근을 한 뒤 거푸집을 짜 콘크리트를 부어 만든다. 흔히들 "목조주택은 따뜻하고 숨쉬는 집"이라는 이야기를 한다. 하지만 이는 모두 주관적인 '느낌'이지 정확하게 수치로

『우드플래닛』매거진 대표 육상수는 "나무는 커다란 바위도 깰 만큼 강한 존재다. 인류가 숲에서 나고 자랐다는 사실을 생각하면 좋은 목조주택은 이루 말할 수 없는 편안함을 준다. 그런 집은 좋은 집이 될 수밖에 없다"라고 말한다.

환산된 값이 아니다. 일례로 내가 지어본 목조주택 근처에 같은 면적의 콘크리트 집이 들어왔다. 두 주택의 차이가 클 것 같지만 그렇지 않다. 난방비도 비슷하고 건축비 역시 크게 차이가 나지 않는다. 나는 건축 전문가가 아니어서 어떤 구조가 더 강한지, 혹은 어떤 에너지 성능이 더 좋은지는 모른다. 하지만 나무가 몸에 닿을 때의 감성적인 부분은 말할 수 있다. 좋은 주거 공간을 생각해 보자. 자고 일어나 방문을 열었을 때 정면에 인공벽지 위의 50in 텔레비전이 보이는 것과 아름다운 목재 벽 중 어떤 것이 좋을까. 단연코 자연과 가까운 소재일수록 좋은 느낌을 준다.

감 세간에는 목조주택이 곧 건강한 집이라는
　　통설이 있다.
육 맞다. 목조주택을 짓고 비염이 없어졌다는 후기도 있고 건강이 나아졌다는 이야기도 들리지만 우선 인과관계가 맞는지부터 따져봐야 한다. 목조주택을 지어서인지, 교외로 나가서인지, 아니면 실내 마감에 나무를 많이 써서인지는 알 수 없다. 검증되지 않은 인과관계의 오류를 조심해야 한다. 나는 오히려 구조와 관계없이 실내 마감재로 목재를 권하고 싶다. 몸에 닿는 재료로 철이나 콘크리트보다는 나무를 사용할 때 시각적으로도 더 좋고 감성적인 부분도 더 풍부해진다. 내부 마감으로는 국산 잣나무를, 조금 더 고가로는 편백나무를 사용하는 것을 추천한다. 잣나무는 옹이가 많아 깔끔해 보이진 않아도 내구성은 뛰어나다. 실제로 실내 천장에 15mm 두께의 원목을 시공한 적이 있다. 나무가 뒤틀릴 것이라고 모두가 말렸지만 6년간 하자가 없다. 나무는 자신이 살아가는 방법을 알아서 찾는다.

감 2012년에 처음 잡지를 만들었다. 목재에
　　대한 소비자 관심의 차이에 변화가 있나?
육 유럽의 연구 데이터에 따르면 한 가구당 연간 수입이 2만 달러부터는 가구를 바꾸고, 4만 달러부터는 집을 짓는다고 한다. 지금 우리나라는 2만 7천 달러로 3만 달러가 채 안 된다. 잡지를 처음 만들 때만 해도 원목 가구, 목조주택에 대한 관심은 지엽적이었다. 하지만 점점 '집'에 대한 생각과 관심이 커지고 있다. 땅콩집이 인기를 끌었고 목조주택의 붐이 일었다. 아파트 면적으로만 가치를 판단하던 시대를 지나서

인생의 풍요가 질적인 성장, 가치소비를 하는 시대로 접어들고 있다. 그 선봉장이 『킨포크(KINFOLK)』라는 잡지다. 편안한 사진과 디자인, 그리고 느리게 사는 삶이라는 코드로 선풍적인 인기를 끌었다. 이 잡지를 통해 '살고 싶은 삶의 모습'을 발견했으니 사람들은 점점 더 이상과 현실을 맞춰가며 살 것이다. 이것이 가구와 주거 공간, 건축에서도 점점 나타날 것이다. 물론 선호하는 재료나 디자인은 개개인에 따라 모두 다르겠지만, 그럼에도 나무의 비중은 점점 높아질 것이다. 나무는 사람과 가장 친밀한 소재이자 자연에서 온 재료이기 때문이다.

감 몇 년 전만 해도 목재는 산업통상자원부에
　　정식 건축 재료로 등록되어 있지 않았다.
　　그만큼 나무에 대한 연구와 정리가
　　미흡하다는 증거다.
육 나무는 목수(대목, 소목)를 중심으로 전파되고, 경험을 통해서 발전되어 온 소재다. 그래서 수치로 정해져 있지 않은 게 부지기수다. 한옥의 기둥 지름이 얼마 이상이어야 하는지 정해져 있지 않다. 경험하고 직접 지어보며 데이터를 축적하고 구전되며 자리를 잡아왔다. 현재 목조주택의 기준은 선진국의 표준을 따르는 걸로 알고 있는데 그 수치가 우리나라에 적합한 것인지는 확신할 수 없다. 이제는 목재에 대한 표준 가이드라인이 필요하다. 그 가이드를 중심으로 개인에 맞게 창의적으로 목재를 써가는 시장이 형성되는 것이 중요하리라 본다.

감 이런 상황에서 앞으로 『우드플래닛』의
　　비전은 무엇인가.
육 잡지를 만드는 이유를 궁금해하는 사람이 꽤 있는데, 종이는 나무가 우리에게 가장 가까이 와 있는 사물이다. 손으로 책장을 넘기듯이 좋은 나무를 독자들이 직접 만지는 경험을 하게 해주고 싶다. 또 잘 만든 목가구나 목공예품, 목재에 대한 정확한 정보를 통해 구입하는 플랫폼도 준비 중이다. 아마도 삶에 있어 즐거운 통로가 될 것으로 믿는다. 결국, 더 많은 사람들이 나무에 대해 제대로 이해하고, 자신만의 취향을 발견할 수 있도록 돕는 것이 과거부터 현재, 그리고 앞으로도 우리의 역할이다.

# Selection of Wood
## 목재의 구성

심영규 에디터

실제로 목재를 고르고 구매하고 그 목재로 작업을 해보자. 한 단계 한 단계씩 따라해 볼 수 있는 기회다. 목재를 선정하려면 목재의 특성을 이해해야 한다. '강도'와 '무늬', '용도'라는 세 가지 키워드로 정리할 수 있다.

### 강도와 무늬

강도는 목재의 산지, 수종, 시기에 따라 달라진다. 무늬는 물관과 섬유질에 따라 다른 모양을 띄기에 각 수종별로 독특한 무늬가 있다. 다음은 목재의 강도와 무늬에 영향을 미치는 요소다.

**심재와 변재** 원목을 잘랐을 때 색깔이 짙은 가운데를 심재(heartwood)라고 하며, 밝은 주변부는 변재(sapwood)라고 한다. 심재는 죽은 세포로, 나무의 물리적인 형태를 지지하기 때문에 물성이 단단하다. 변재는 현재 자라고 있는 세포로, 물과 양분의 통로가 되는데 색이 옅으며 조직이 무른 편이다. 같은 나무에서 나온 목재라도 색이 다르고 강도가 다른 이유다.

**연목과 경목** 목재 생산량의 80%를 차지하는 연목은 주로 침엽수로, 겨울에도 잎이 지지 않는 상록수를 지칭한다. 성장 속도가 빨라 건축 재료로 가치가 높다. 경목은 주로 활엽수로, 일반적으로 목질이 단단하다. 하지만 일부 경목 중 오리나무(alder)<u>Wfi17</u>, 오동나무(paulownia)<u>Wfi10</u>, 참피나무(basswood), 사시나무(aspen)는 일부 연목보다 가볍고 무르다.

**춘재와 추재** 일반적으로 나무는 봄에 성장이 빠르고 여름부터 가을까지는 성장이 느리며 겨울에는 성장이 멈춘다. 봄과 여름에 자란 부분을 춘재(earlywood), 늦여름부터 늦가을까지 자란 부분을 추재(latewood)라고 부른다. 춘재는 빨리 자라기 때문에 색이 밝고 조직이 무르다. 반대로 추재는 색이 어두우며 조직이 치밀하고 단단하다. 춘재와 추재가 일 년 단위로 짙은 색의 동심원을 그리게 되는데 이것이 바로 나이테(growth ring)다.

**특수목** 일반적인 수종과는 달리 다른 환경에서 자라는 열대성 목재도 있다. 이를 특수목이라고 한다. 흑단(ebony)<u>Wfi13</u>, 멀바우(merbau)<u>Wfe04</u>, 나왕(lauan)<u>Wtc04</u> 등인데, 일 년 내내 더운 기후에서 자라기에 춘재와 추재의 구분이 없고 나이테도 없다. 그래서 단면을 보면 골고루 퍼진 물관과 섬유질만 보인다. 일반적으로 열대 나무가 가장 단단하고 경목, 연목 순으로 무르다. 연목이 무르다는 것은 표면 강도가 약하다는 뜻이지 구조적인 강도는 건축 골조재로 손색이 없다.

**결 방향과 강도** 나두를 구성하는 세포는 수직 방향으로 생성되고 자란다. 즉 가늘고 긴 섬유 조직의 다발이 땅으로부터 상부로 정렬되어 묶인 구조로, 섬유질을 자르는 직각 방향으로는 강하지만 섬유질을 떼내려고 하는 평행 방향의 힘에는 쉽게 부러진다. 고기의 결과 마찬가지로 근육의 섬유질 방향으론 부드럽지만 직각 방향은 질긴 것이다.

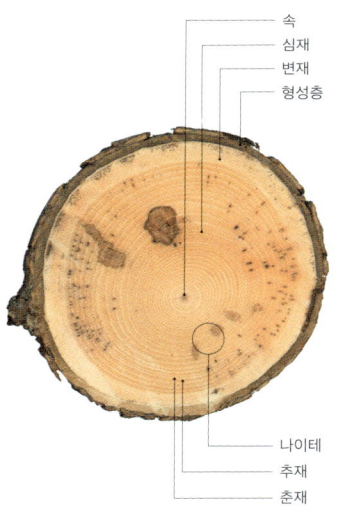

속
심재
변재
형성층

나이테
추재
춘재

## 용도에 따른 분류

실제 목재로 건축물을 짓기 위해서는 수종뿐 아니라 용도에 따라서도 목재를 구분해야 한다. 이를 가설재, 구조재, 내장재, 외장재, 가구재, 창호재 등으로 구별할 수 있다. 구조재는 쓰이는 부위에 따라 구조용 구조재와 마감용 구조재로 나뉜다.

**가설재** 건물을 지을 때 임시로 설치되고 해체되는 부재로, 저렴한 목재를 주로 사용한다. 가볍고 밀도가 낮아 목질이 무르기 때문에 가공이 용이한 목재가 많다.

**솔송나무(미송, 뉴송, 소송)** Wtc01
솔송나무는 가볍고 가공이 용이해 가구로도 많이 쓰인다. 그러나 밀도가 낮고 목질이 물러 쉽게 긁히고 잘 찍힌다. 이런 이유로 가설재로 더 적합하다. 원산지에 따라 미송, 뉴송, 소송, 브송 등으로 분류된다.

**나왕** Wtc05
나왕은 인도, 인도네시아, 필리핀 등지에 걸쳐 분포하는 목재로 색상에 따라 적나왕과 백나왕으로 구별된다. 적나왕의 변재는 담황색, 심재는 암갈색으로 색이 아름답다. 백나왕은 회백색을 띠고 가볍고 유연해 가공하기 쉽다. 벌레에 약해 살충제나 포르말린을 사용해야 하기 때문에 구조재나 가구재보다는 가설재에 유리하다.

**구조재** 건물에서 직접 힘을 받는 내력벽과 기둥, 하지재 등으로 사용하는 재료로, 강도가 높은 수종으로 구성된다. 대표적인 구조재로 S.P.F(Spruce, Pine, Fir/스프루스, 파인, 퍼)를 꼽으며 함수율 19% 미만으로 건조한 목재를 사용한다.

**가문비나무** Wfe01
가문비나무는 주로 호주에서 수입하는데 유연성은 부족하지만 가볍고 저렴하며 모아두면 강도가 커진다. 무게에 대한 강도나 작업의 용이성, 가격 대비 활용도가 높아 구조재로 널리 쓰인다.

### 전나무 Wc06

침엽수인 소나무과의 수종으로 캐나다와 북미
등에서 수입된다. 줄기가 마디 없이 곧게 자라서
건축용 목재나 크리스마스용 트리로도 많이
쓰인다. 심재는 갈황백색이고 변재는 황백색으로
구분이 뚜렷하지 않다. 가볍고 가공하기에 좋으며
건조 속도가 빨라 구조재로 사용한다.

### 삼나무 Wc05

일본이 원산지인 상록침엽수로, 볕이 잘 들고
강우량이 많은 곳을 좋아하고 따뜻한 지역에서
자란다. 국내에서는 경남, 전남에 조림됐고,
제주도에서는 방풍림으로 식재됐다. 무늬가
아름다워 마감용 구조재로 많이 사용된다.

### 낙엽송 Wc02

우리나라 10대 조림수종의 하나다. 사계절을 모두
겪은 수종으로, 강도가 강하고 지형과 관계 없이
곧게 자라는 성질이 있다. 내구성과 보존성이
모두 높아 토목, 건축, 선박, 조각 등에 다양하게
활용되며, 국산 낙엽송은 산림조합에서 별도로
관리해 취급한다.

**내장재** 실내 마무리와 장식에 사용되는 재료. 사용 부위에 따라 루버, 마루, 몰딩, 아트월 등으로 쓰인다. 목재마다 본연의 색과 결이 있으니 취향과 금액, 용도에 따라 고른다.

### 참나무 Wc03

대표적인 내장재인 참나무는 활엽수로 결이 촘촘하고 색상이 다양하다. 백참나무와 적참나무, 갈참나무 등이 있는데 갈참나무는 황색이고 나머지는 밝은 갈색이다. 재질이 무겁고 단단하며 내구성이 좋다. 가구나 바닥재 등에 주로 사용된다.

### 물푸레나무 Wfi04

대표적인 하드우드 중 하나로 껍질을 우려내면 물이 파란색으로 변한다고 해서 물푸레나무라고 이름 붙였다. 참나무보다 밝고 무늬가 곱지만 결이 거칠어 2차 가공이 필요한 목재다. 장력이 좋고 내구성이 뛰어나 가구재와 마감재로 많이 쓰이며 합판 재료로도 쓰인다.

### 가문비나무 Wfi03

가문비나무는 소나무과에 속하는 침엽상록수로 열대지방에서 자라는 연목이다. 건조가 쉬우며, 건조 후에도 뒤틀림이 적고 가공성이 좋다. 옹이가 작고 목질이 연하며 색이 밝고 일정해 내장재뿐 아니라 가구에도 많이 쓰인다.

### 호두나무 Wfi06

내구성이 높고 접착이나 증기 처리, 휨가공 등 가공성이 뛰어나다. 진하고 검붉은 색을 띠며 불규칙한 줄무늬와 특유의 광택으로 고급 가구나 내부 마감재, 자동차 계기판 등 치장 목적의 내장재로 인기가 높다. 우리나라에서는 호두나무보다는 월넛이라는 영문명으로 알려져 있다.

### 단풍나무 Wfi08

무겁고 단단한 성질을 가지고 있으며 나뭇결이 아름답고 신축성이 뛰어나 가구, 마루, 문, 몰딩 등에 주로 쓰인다. 외부 힘에 의한 변형이 드물고, 충격에 강하다. 색을 입히기 쉽고 광택이 잘 나지만, 건조 과정에서 수축이 크게 일어나기 때문에 주의해야 한다.

### 벚나무 Wfi04

벚나무는 재질이 치밀해 강도가 높고 내구성이 좋다. 연한 핑크색이나 갈색으로, 결이 고와 치장재로도 인기가 높다. 목재의 비중이 높아 잘 썩지 않는 성질을 갖고 있기에 조각이나 가구, 공예의 재료로 많이 쓰이고 악기를 제작하는 데에도 사용된다.

### 오동나무 Wfi10

자라는 속도가 빨라 10년이 지나면 목재로
활용할 수 있다. 아이보리에 가까운 밝은 색상을
띠지만 시간이 흐를수록 잿빛으로 변한다. 가볍고
부드러워 가공하기 쉽고, 내구성과 내습성이
뛰어나다. 주로 전통 가구나 악기, 천장 마감재,
창호 등에 사용된다.

### 티크 Wfi11

열대 기후에서 자라는 고급 목재로, 벌채 직후
건조되면서 진하고 검붉은 색을 띤다. 결이 곧으며
광택이 좋다. 내구성이 높고 수축이 적어 인기가
많다. 나무 자체에서 발생하는 오일 성분 때문에
병충해에 강하며 주로 마감재, 가구재, 바닥재로
쓰인다.

### 편백나무 Wfi12

'히노끼'로도 잘 알려진 편백나무는 일본의 상록
교목이다. 물에 강하고 특유의 향을 지니고 있다.
나뭇결이 조밀하고 광택이 있으며 침엽수 중에서도
피톤치드가 가장 많이 나온다. 고급 바닥재나 창호,
욕조로 쓰인다.

### 너도밤나무 Wfi14

국내에서는 울릉도에서 서식하지만 천연기념물로 지정되어 사용이 불가능하다. 대부분은 북미에서 수입된 것들이다. 나무의 조직이 치밀하고 탄성이 뛰어나 휨 가공용으로 최적이다. 바닥재와 가구재, 건축 자재로 자주 쓰이고 향이 없어 주방용품에서도 찾아볼 수 있다. 하지만 건조가 어렵고 수축이 잘 일어나기 때문에 보존제 처리를 한 뒤에 사용해야 한다.

### 부빙가 Wfi23

아프리카 가봉, 카메룬 등 적도 부근에 위치한 국가에서 주로 생산된다. 목재 갈라짐이 거의 없으며 내구성이 매우 뛰어나다. 탄성이 뛰어나고 광택이 있으며 병충해에도 강한 편이다. 가공성도 좋지만 돌처럼 단단하여 절단 시 안전에 주의해야 한다. 아프리카 산지에서도 보호수종으로 지정되며 수급이 어려워 희소성이 높다.

### 흑단 Wfi13

열대 아프리카나 인도 남부, 스리랑카 등에 서식하는 활엽교목으로, 심재가 진한 흑색, 변재는 회흑색을 띄는 것이 특징이다. 물에 던졌을 때 물 위에 뜨지 않고 가라앉는 유일한 나무다. 조직이 치밀하고 목재 중 가장 내구성이 좋다. 주로 내장재나 최고급 가구 등에 많이 사용된다.

**외장재** 건물 외부를 두르는 사이딩이나 바닥에 까는 데크재, 그리고 지붕재 등으로 사용하는 목재다. 바닥재로 쓰이는 데크를 가공해서 외벽에 포인트를 주기도 하는 등 범용으로 활용된다.

### 적삼목 Wfe03

적삼목은 온도와 습기에 강하며 변형이 적은 목재로 특유의 향과 부드러운 결을 가지고 있다. 나무 자체적으로 해충이나 부식을 견뎌내는 방부 성분을 지닌 고급 외장재다.

### 멀바우 Wfe04

멀바우는 동남아시아, 호주 등지에서 자라는 열대성 나무로 강도가 높아 수축과 팽창이 적다. 표면 강도가 좋아 테이블 상판이나 바닥재로 많이 쓰인다. 특유의 짙은 갈색이 고급스럽고 부패에 강하다. 그러나 물이 닿으면 빨간 물이 배어나는 특성이 있어 바니시 마감을 해야 한다.

### 이페 Wfe05

남미에만 분포하는 수종. 보통 외장재로 쓰이는 특수목으로 구분한다. 균이나 병충해에 강해 내장재로서의 수명은 반영구적이다. 외장재로서도 현존하는 목재 중 최고의 내구성을 자랑한다. 데크, 무늬목, 정원용으로 주로 쓰인다. 가장 비싸게 판매되는 수종 중 하나로, 규격에 제약이 있다.

### 방킬라이Wfe06

무겁고 단단한 수종으로, 밀도가 티크의 1.5배에
달하는 강도 높은 나무다. 인도네시아, 말레이시아
등 동남아시아에 주로 분포하며 톱질, 대패질,
접착에 어려움이 많아 가공이 쉽지 않은 것이
특징이다. 자연 방부 기능을 가지고 있어 별도의
화학 처리 없이도 내구성이 뛰어나다. 보통 외부
데크, 기둥, 장식용 등으로 사용된다. 바닷물에 약해
수면 사용에는 주의가 필요하다.

### 마호가니Wfe07

붉은 색상의 마호가니는 시간이 지나면서 갈색빛이
더욱 짙어지는 특이한 성질을 지닌 나무다. 건조가
쉽고 내구성도 뛰어나며 가공 또한 수월하다. 가구,
선박, 악기 등 중량은 줄이면서 내구성과 안정성을
필요로 하는 용도에 제격인 고급 수종이다.
수요는 많지만 주요 산지인 브라질과 온두라스
등의 벌목금지령으로 인해 공급이 원활하지 않아
동남아의 나왕을 마호가니로 속여 판매하는 곳도
많다.

### 모말라Wfe08

동남아시아에 넓게 분포하는 수종으로, 나뭇결이
곱고 균일하며 약간의 광택이 특징이다. 내구성이
탁월하며 토양과 접하는 곳에 주로 사용된다.
톱질, 건조, 대패질 등은 어렵지만, 접착과 도장은
양호하다. 표면에 크랙이 자주 발생하지만
구조적인 문제는 없다. 사용 초기 물과 접촉하면
검붉은 수액이 나와 다른 부재를 오염시킬 수
있으니 위치에 따른 주의가 필요하다.

**특수 가공 목재의 종류와 특성**

가공 목재는 특수 목적으로 성질을 개선한 목재를 지칭한다. 가공 목재는 열처리를 통해 치수 안정성이 뛰어난 탄화목, 연목을 얇게 저민 무늬목, 방부 처리해 습기에 강한 방부목, 접착이나 가공을 통해 성능을 획기적으로 개선한 공학목재로 나뉜다.

**탄화목**

탄화목Wen01

천연 원목에 고온과 증기압을 이용, 공정에 따라 48~96시간의 열처리를 거친 목재를 말한다. 천연 원목이 가지고 있는 변형, 수축 등의 문제점을 열처리를 통해 개선한 것으로, 형상의 안정성이 뛰어나고 휘거나 뒤틀림이 없으며 내구성도 뛰어나다. 그러나 옹이가 많아 미관상 좋지 않고, 천연 원목과 마찬가지로 지속적인 오일스테인 관리가 필요하다.

**무늬목**

무늬목Wen02

원목을 채취하여 0.5mm 정도로 얇게 절삭해 미리 가공된 MDF 또는 합판 등에 접착하는 재료다. 실제 원목의 느낌을 내면서 보다 저렴하게 효과를 연출할 수 있다. 실제 나무 소재를 이용했기 때문에 나이테 등 나무 고유의 자연스러운 느낌을 준다. 절삭, 탈색, 염색, 배접 등 가공하는 데 많은 공정이 필요하기 때문에 가격이 비싸다. 대중적으로는 무늬목을 본뜬 PVC래핑(시트지)가 많이 사용된다.

**방부목**

방부목Wen03

방부목은 특정 수종이 아니라 일반 목재에 크롬, 구리, 비소 등으로 구성된 목재보존제를 침투시켜 방부 처리한 목재를 말한다. 데크, 정자, 사이딩, 몰딩 등 외기나 습기에 노출된 곳에 많이 사용된다. 주로 솔송나무나 유럽소나무가 많이 쓰인다. 화학 약품이 사용된 목재이기 때문에 실내에는 절대로 사용하면 안 된다.

**공학목재** 일반 목재의 구조적인 성질을 개량하여 보다 높은 강도와 안정적인 구조를 확보한 특수 목재다. 목재를 세로로 잘게 자른 가닥[1]이나 제재목, 기타 목질 섬유 등을 이용하여 재료를 접착해 만든다. 크게는 네 가지로 나뉘는데 집성목과 아이형 장선, 구조용 복합목저(SCL)와 구조용 판상재로 나뉜다.

### 집성목 Wen04-1

나무를 일정한 형태로 재단한 뒤, 부재들을 접착제로 이어 붙여 큰 판재나 각재로 집성한 것이다.

원목이 가지는 온습도 조절과 흡음 등 장점을 모두 지니면서도 원하는 규격의 사이즈를 저렴하게 구할 수 있다는 장점이 있다. 시중에 판매되는 대다수의 원목 가구는 집성목으로 만들어질 만큼 사용범위가 넓지만, 집성한 부분이 떨어질 수 있으며 접착제 사용으로 인한 포름알데히드 물질이 나온다는 단점도 있다.

### 아이형 장선 Wen04-2

넓은 공간을 설계할 수 있게 제작된 목재로, 철근이나 콘크리트 이상의 강도를 유지하면서도 무거운 하중을 지탱할 수 있다. I형 구조로 이루어져 기둥 사이의 거리가 먼 경우에 처짐이나 수축, 뒤틀림 등을 최소화하고자 하는 용도로 사용한다. 자체 중량이 가벼워 현장에서의 취급이 용이하고 휨 응력이나 강성이 높은 특성을 가진다.

### 단판적층재(Lamunated Venner Lumber, LVL) Wen04-3

구조용 복합목재(Structural Composite Lumber, SCL)의 대표적인 제품으로 특수한 등급의 두께 1~25mm의 단판을 쌓아서 만든다. 합판과 달리 목재의 섬유 방향과 평행하게 쌓아 만들기 때문에 옹이 같은 목재의 결점이 분산되어 강도가 높고 균일하다. 부재의 강도를 비교적 정확하게 예측할 수 있는 장점이 있다. 일반적으로 기둥이나 들보와 같이 축재료로 사용한다.

### 판상재 Wen04-4

건축과 산업용으로 널리 쓰이는 보드형 공학목재. 경량으로 다루기가 용이하고 강도가 뛰어난 특징이 있다. 일반적으로 3×6, 4×8의 표준 크기이며 더 큰 치수도 제작할 수 있다. 사진은 판상재의 대표인 일반합판 Wen04-4-1으로, 건축 내장과 가구 등에 사용되며 다소 습한 환경에서도 잘 견딘다.

**판상재** 일반적으로 구조용 판상재로 불리며 위에 언급한 일반합판뿐 아니라 코어합판, OSB, 방습합판 등 그 종류가 다양하다. 건축에서 일반적으로 사용되는 합판의 종류와 특징을 모았다.

### 미송합판 Wen04-4-3

일반합판에 비해 습기에 강하고, 팽창하더라도 다시 건조되었을 때 원래의 형태로 복원되는 안정성을 가지고 있다. 충격에 매우 강하며 가벼운 것이 특징이다.

### 자작합판 Wen04-4-4

아름다운 무늬와 결, 밝은 색감 때문에 가구재로 많이 쓰인다. 별도의 마감 처리를 하지 않아도 사용이 가능하다는 장점이 있다. 일반합판에 비해 무겁지만 강도와 밀도가 커서 내구성과 내수성이 우수하고 습기에 강하다. 뿐만 아니라 차음성 및 공명성이 좋아 콘서트장, 강당, 성당, 인테리어 등에 많이 쓰인다.

### 코어합판 Wen04-4-2

블록보드(block board)라고 통용된다. 코어는 나무의 심재를 일컫는데, 심재로 띠 모양의 나무를 잘라 넣고 위아래 표면에는 얇게 깎은 단판(veneer)을 접합시켜 샌드위치 모양으로 만든다. 일반합판은 특성상 철물 조인팅을 넣는 것 자체가 불가능하지만, 코어합판은 띠 모양의 원목으로 채워졌기 때문에 조인팅이 가능하다. 원목처럼 쉽게 변형되지 않아 가구나 벽체에 적합하지만 사용 전 별도로 표면 처리를 해야 한다.

### OSB(Oriented Strand Board)

얇은 나무 조각을 방수성 수지와 함께 압착해 만든 인공 판자로 강도와 안정성을 극대화했다. 강도가 매우 높고 단열과 방음 효과가 뛰어나 구조재로 많이 쓰인다.

### MDF(Medium Dentisy Fiberboard)

나무 섬유와 합성수지 접착제를 섞어 높은 온도에서 압축하여 생산한 공학목재다. 목재의 특성인 방향성이 없고 조직이 치밀하여 가공성이 우수하다. 다습한 환경에서는 변형이 올 수 있고, 톱밥으로 만들어져 내구성이 좋지 않다. 원목과 집성목에 비해 가격이 매우 저렴하기 때문에 저가의 가구 및 목공 용품 제작 시에 주로 사용된다.

### 방습합판

방습합판은 내수성 접착제를 사용한 합판으로, 물과 습기에 강한 판재다. 바닷가 근처에 위치한 시설, 욕실 및 주방 가구, 건축 외장 등 물이나 높은 습도에 노출되기 쉬운 환경에서 많이 쓰인다.

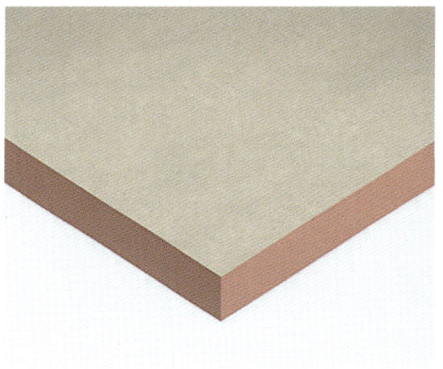

# Finding Wood

양은혜 에디터

## 인천목재산업단지 방문기

주변의 창호, 몰딩, 책상, 의자, 서랍장 등을 살펴보면 대부분 무늬만 목재인 MDF와 시트지, 플라스틱 같은 합성물질로 이루어져 있다. 이런 합판에 시트지를 접착시킨 제품은 목재보다 저렴하며 대량생산이 가능하다는 이점은 있지만, 목재의 장점과 기능은 전혀 없는 가짜 목재에 지나지 않는다. 목재는 가공이 되어도 살아 숨 쉬며 환경에 반응하고, 용도에 따라 견디는 힘의 강도가 매우 다양하다. 그 외에도 나무의 색깔, 향기, 무늬가 다르다. 이러한 나무에 대한 경험이 축적되다 보면 점차 목재에 대한 오해가 사라질 것이다. 인천에 위치한 목재산업단지를 방문해 보았다.

### 인천 북항에 자리잡은 대규모 목재단지

경인고속도로 인천IC에서 약 50m 떨어진 곳에 인천목재산업단지가 있다. 길게 늘어선 인천 북항을 따라 단지를 형성하고 있는데 공기 중의 짙은 나무 향이 대규모 단지임을 가늠하게 한다. 항구에서 내리는 목재가 각 목재사로 실려가는 장면이 곳곳에 연출되고, 회사마다 높다랗게 적치된 풍경이 눈앞에 펼쳐진다. 인천목재산업단지에 자리 잡은 업체들은 수입 원목을 다룬다. 목재단지를 가득 채우고 있는 거대한 수입 원목을 보고 있으면 국내 수종 사용에 대한 궁금함이 생기는데 이에 대해 일부 전문가들은 국내산 수종은 건축 재료로 부정적이라고 이야기한다. 조림은 평평한 대지에서 이루어져야 좋은데 우리나라의 지형은 대부분이 산지로 조성되어 있어 비탈진 암반의 산지에서는 나무의 뿌리가 깊게 내리지 못해 건축 재료로 국내 수종을 사용하기에는 부적합하다는 설명이다. 더욱이 태양을 따라 돌면서 성장하는 나무는 경사진 지대에서 그 꺾임과 휨 정도가 심할 것이라고 말한다. 이렇게 자란 나무는 현대 건축 자재의 구조재로 부적합하고 설령 국내산 목재를 사용한다 해도 건축 자재로 사용 가능하도록 하기 위해서는 가공비가 더 들 수 있다는 것이다. 이것이 우리나라가 대부분의 목재를 수입에 의존하게 된 이유다.

**목재 유통사의 현황과 취급 품목 및 개발 제품**

그렇다면 이렇게 큰 업체들이 몰려 있는 단지에서 어느 곳을 방문해야 목재를 직접 보고 상담을
받을 수 있을까? 인천목재산업단지 내에 있는 업체 11곳과 국내 각지의 목재 유통사를 찾아가
보았다.

이곳에서 방문했던 업체 중 소매가 가능한 업체로는 우드드림, 건화목재, 대현목재,
에스와이우드, 해안실업주식회사, 대덕목재, 경원, 상아목재 등이 있다. 이 업체들은
프리컷팅이 기본적으로 가능하며 몇몇 업체는 자체 시공도 가능했다. 그중 에스와이우드는
일반 소비자와 목재공방 운영자들을 대상으로 별개의 목재창고와 온라인 직거래 사이트를
보유하고 있어 직거래 유통을 선도적으로 진행하고 있다. 그러나 온라인 직거래 외에
목재단지에 직접 방문해 다양한 수종을 보고, 만져보고, 냄새도 맡아보며 사용하고자 하는
용도에 따라 상담을 받는 것은 온라인 직거래 이상의 경험을 선사한다. 인천 지역 외에도
목재 업체들은 고양시, 경기도 광주시와 여주시, 강릉시, 부산시 등 전국 각지에 띄엄띄엄
분포해 있다. 그중에서 목재 교육과 체험이 가능한 대표 업체로는 1986년 고양시에 설립된
유림목재가 있다. 유림목재는 약 20년 된 목조 건물 '예제관'을 보유하고 있다. 이곳에서는
목재가 가공된 후의 과정도 볼 수 있다. 목재가 자연스레 변형되는 과정을 보며 나무의
아름다움을 체험하고 목재 관리 방법을 살피는 것이 그 목적이다. 유림목재 또한 일반 소비자와
공방을 위한 창고를 보유하고 있으며 프리컷이 가능하다.

목재의 변형을 최소화하기 위한 연구 및 개발을 하는 업체도 많다. 대현목재는 다양한
탄화목을 개발하는가 하면, 시우팀버에서는 고무나무를 가공해 강도를 높인 히베아테크
목재를 단독으로 수입한다. 집성목을 주로 취급하는 경민산업은 이에 대한 다양한 가공 방식과
접합 방식을 연구하고 있다.

### 목재 유통 선순환 구조 확립의 키워드

아직도 많은 소비자들이 목재가 변형, 변색되는 현상을 '불편하다'라고 인식한다. 몇몇 전문가들은 이를 두고 "나무의 기본 성질을 이해하지 못한 소비자와 A/S를 최소화해야 하는 시공사, 가구회사, 그리고 우리나라 실정에 맞는 목재 가공을 연구하지 않는 건축계의 풍토가 모두 종합되어 나타나는 현상"이라고 꼬집어 말한다. 지금까지 목재 업체는 대부분 관공서나 아파트 등 공사 규모가 큰 업체를 상대하는 도매로 이뤄져왔으나 온라인의 발달과 변화된 시장 흐름으로 인해 도소매 유통 업체가 증가하고 있다. 개인이 목재를 다루는 일이 많아지고, DIY와 공방, 직접 집을 짓거나 인테리어를 하는 사람들이 증가해 소매도 이뤄지는 것이다. 아직 도매 업체가 주를 이루고 있지만 주문하고자 하는 물량에 따라 유통 조정이 가능한 업체도 많다.

도매 위주의 목재 업체가 소매시장으로 뛰어들 때 가장 중요하게 고려해야 하는 것은 업체와 소비자 간의 소통이다. 하지만 온라인 상거래가 보편화된 상황인데도 온라인 결제가 가능한 목재 업체는 거의 없으며, 목재 관련 정보를 제공하던 사이트도 비활성화된 상태다. 몇몇 목재 업체 대표에 의하면 온라인 사이트를 운영할 인력이 부족하다는 것이다. 기존의 오프라인 도매 시장에 익숙해져 있는 1세대 업체 대표 중에는 기존의 유통 방식을 유지하고자 하는 경향도 남아 있다.

목재는 소품과 인테리어를 포함하여 건축에서 빠질 수 없는 재료다. 대부분의 매장이나 기업에서 완제품으로 판매되는 목재 가구는 오일스테인이나 바니시로 마감되어 있어 원목 본래의 색상과 향기, 촉감을 접하기 어렵다. 그러나 목재 업체에 방문하여 목재 본연의 색과 패턴, 강도, 향 등을 직접 접하고 실생활에 접목하기 시작한다면, 기존 목재 시장에 형성되어 있는 수종 외에 역으로 소비자가 수종 개발을 할 수도 있는 폭이 점차 넓어질 수 있을 것이라 본다. 그리고 일상생활에서 나무를 많이 접하는 것이, 결국 소비자도 이를 경험하며 새롭고 다양한 목재를 발굴하는 계기가 될 것이다.

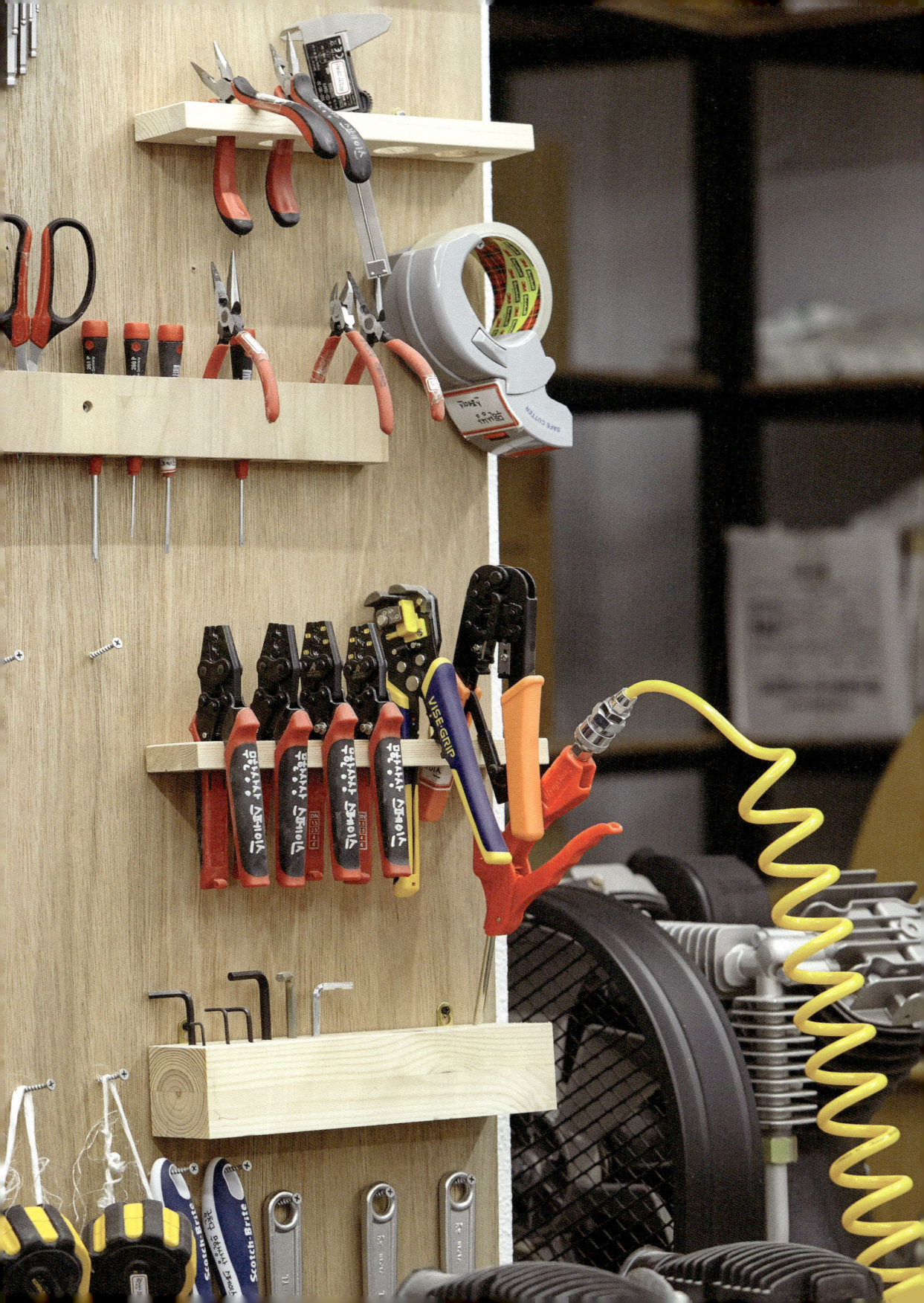

# Wood Process
## 목재의 준비와 가공

박지일 에디터

막 제재된 나무는 곧바로 사용할 수 없다. 충분히 건조시켜 수분을 제거한 뒤 재단과
표면처리 등 1차 가공을 거쳐야만 실생활에 사용할 수 있는 모습으로 완성된다. 살아
있는 나무가 실내에서 쓰는 가구나 건축 재료로 만들어지기까지, 눈에 보이지 않는
숨은 공정을 알아본다.

### 건조

재단이 막 끝난 목재는 수분이 많다. 목재는 특히 수분에 취약하기 때문에 그 어느 공정보다
건조가 중요하다. 잘 건조된 목재는 자연 상태보다 강도가 2~3배 증가하고, 중량 또한
감소하여 가공과 취급이 편해진다.

건조 방식은 자연 건조와 인공 건조로 나뉘는데, 자연 건조는 목재를 대기 중에 엇갈리도록
수직으로 쌓은 뒤 직사광선이나 비에 직접적인 노출을 막으며 건조하는 방식이다. 특별한 건조
장치가 필요 없고, 많은 목재를 동시에 건조할 수 있다. 그러나 건조하기 위해서는 넓은 면적의
땅과 많은 시간이 필요하고 자연 조건의 영향을 많이 받는다는 단점이 있다.

인공 건조는 증기, 훈연, 가스 등 다양한 기계 장치를 이용해 자연 건조보다 함수량을 낮추기
위해 사용하며, 단시간에 목재의 수분을 제거한다. 국내에서 유통되는 목재의 대부분은 인공
건조된 것으로, 건조 시간이 짧고 손상이 적어 업체에서 선호한다. 주문을 받아 자연 건조를
대행하는 업체도 있지만 과정이 투명하지 않고, 건조 후 품질에 대해서 책임을 지지 않는 것이
관행으로 굳어져버렸다. 건조 후에 목재가 터지고 갈라져 못 쓰게 되더라도 업체의 책임을 따질
수 없다. 건조 대행 업체별로 건조 방식도 다르고 취급 수종도 다르기 때문에 소비자는 용도와
효율 등을 고려해 업체를 선정해야 한다.

### 재단

집에서 톱과 같은 공구로 목재를 재단할 때, 여유로운 공간 확보와 목재 이동 과정이 쉽지 않다.
톱질로 인해 날리는 나뭇가루도 골치다. 따라서 목재 재단은 DIY 전문 업체에 의뢰하거나
재단된 목재를 구입할 것을 추천한다. 원목의 경우에는 보통 2,300x900mm 크기로 판매하는

것이 일반적이다. 기존 재료비에 재단비 1~2천 원 정도를 더 지불하면 깔끔하게 재단해 주는
곳이 많다. 최근에는 목공소나 공방에서도 한 면에 천 원 정도의 비용을 내고 재단할 수 있다.
물론 여건이 된다면 집에서도 충분히 목재의 재단이 가능하다. 다만 사진처럼 다양한 공구들을
갖추고 사용법을 어느 정도 숙지한 상태에서 사용하는 게 좋다.

보통 목재를 재단할 때에는 소(saw)라는 기계를 사용하는데 톱이 내장된 탁상형 재단기로,
테이블 중앙에 돌출된 원형 톱이 분당 수천 회를 회전하며 고속으로 나무를 절단한다.
슬라이더를 장착해 무거운 나무나 판재 재단이 가능한 '슬라이딩소', 두 개의 활에 의해 마치
고무밴드처럼 날이 돌아가며 재단하는 '밴드소', 원형 재단 및 짧은 면을 재단할 때 사용하는
'스크롤소' 등 사용 목적에 따라 조금씩 다른 기계들을 쉽게 구할 수 있다. 소의 가격은 그
용도와 크기, 톱날의 품질과 모터의 성능 등 다양한 조건에 따라 천차만별이지만, 크기가 작고
비교적 간단한 재단을 위해 사용하는 소의 경우 30만 원대에 구입할 수 있다. 양질의 부품들을

조합하여 직접 소를 제작, 사용하는 경우도 있다.

이외에도 전문적인 기계가 많지만 DIY 용도로 사용하기엔 무리가 있고 가격 또한 상당히 고가다. 어떤 제품을 쓰느냐보다 어떤 용도로 사용하는가를 판단해 적합한 기계를 선정하는 것이 좋다. 목공 작업 중 대부분의 사고가 이 절단 기계를 사용하는 과정에서 발생한다. 원형 톱에 상해를 입거나, 튕겨져 나온 판재에 다치는 경우가 많기 때문이다.

### 부재 다듬기―대패와 사포

부재를 용도에 맞게끔 만들려면 재단 과정에서보다 더 많은 공구를 쓰고 더 많은 노력을 기울여야 한다. 목재를 원하는 두께로 만들기 위해서는 밴드소, 수압 대패, 자동 대패 등 다양한 공구가 사용된다. 각각의 장부를 뚫기 위해서는 각끌기, 곡선 모양을 만들기 위해서는 띠톱이나 스크롤소, 목재의 홈을 파거나 다양한 모양의 면을 만들기 위해서는 라우터나 트리머가 필요하다.

부재를 다듬는 첫 단계는 표면을 다듬는 일이다. 대표적으로 대패나 사포를 이용한 전통 샌딩 방식이 있다. 대패는 먼지가 나지 않고 완전한 평면과 깔끔한 모서리를 만들 수 있지만 작업 중 엇결을 만나면 목재가 뜯겨나갈 위험이 있다. 최근엔 전기 대패를 주로 사용한다. 수압과 전동으로 구분되는 전기 대패는 사람이 직접 노동력을 쓰는 손대패의 단점을 극복한다. 수압 대패는 고정식으로 대패에 판재를 올려놓고 밀면 일정하게 깎인다. 크기에 따라서 가장 저렴한 모델이 40만 원 선이다. 전동 대패는 좁은 면을 깎을 때 유용하지만, 능숙한 조절이 필요하다. 가장 많이 쓰이는 모델은 7만 원 선이며 전기 대패의 경우 온라인을 통해 대여를 해주는 업체도 있다. 하루 대여비는 하루 2~3만 원 정도다. 대패 작업 시에는 날이 고속으로 회전하므로 옷이나 장갑들이 말려들어가 큰 사고가 발생할 수 있으니 주의해야 한다.

사포는 누구나 쉽게 매끈한 표면을 만들 수 있는 장점이 있지만 분진이 많이 발생하며 사포를 자주 교체해야 하는 번거로움이 있다. 최근에는 사포에 집진기나 진공청소기를 연결하여 분진을 빨아들일 수 있는 장비도 있다. 사포는 입도를 표현하는 숫자로 구분하며, 해당 숫자는 단위면적당 포함된 작은 알갱이의 수를 의미한다. 수치가 높을수록 고운 알갱이가 들어 있다는 의미. 목공용으로 사용하는 사포의 경우, 거친 목재의 표면을 다듬기 위해서는 #60~120 정도, 중간 작업에는 #180~220을 주로 그라인딩을 하면서 동시에 사용하며 마감을 위해서는 #600 혹은 #800까지 사용한다. 일반적으로 DIY 작업의 경우, #320 정도면 마감면 처리로 충분하다. 사포 사용 시 목재 위에 물을 살짝 뿌려준 후 작업을 하게 되면 먼지 발생을 줄일 수 있으나, 물을 흡수하여 표면이 붇게 되면 나뭇결에 따라 보풀이 일어날 수도 있다.

### 부재 다듬기―라우터와 트리머

연마된 부재는 필요에 따라 모양을 내거나 홈을 파는 작업을 거친다. 이때 필요한 공구가 라우터와 트리머다. 두 공구 모두 다양한 종류의 비트가 장착되어 고속으로 회전하며 목재를 가공하는 전동공구로, 크기의 차이만 있을 뿐 용도는 비슷하다.

라우터는 크기에 따라 가격대가 10만 원대에서 몇 백만 원까지 다양하며 트리머의 경우는 인기 있는 제품을 20만 원 정도에 구매할 수 있다. 회전 속도가 빨라 안전사고가 발생하기 쉽다. 나무 파편이 튀어 다칠 위험성도 커 반드시 사용법을 숙지한 후 안전 사항을 준수해야 한다.

### 프리컷

프리컷 시스템은 CAD/CAM으로 그려진 재단 도면을 바탕으로 기계에 치수를 입력한 후 부재에 선을 그려 가공하는 시스템이다. 최근 대형 규모의 목구조 건축에서 많이 쓰이는 공법으로, 목조 건축 시공 업체 스튜가의 경우 설계 단계에서부터 컴퓨터 그래픽을 이용해 3D 모형도를 제작하고, 접합부 형상에 따라 목재 가공 도면을 만든다. 나무를 자르고 깎고 구멍을 파는 등의 부재 제작 과정도 모두 컴퓨터로 할 수 있어 균일한 품질로 대량생산이 가능하며

목재의 낭비를 막을 수 있다. 이렇게 공장에서 제작한 부재는 끼워 맞춰 가공 단계에서 시간과 비용을 획기적으로 줄인다. 기존 방식으로 목구조를 세울 때 1개월가량 걸린다면, 프리컷 시스템으로는 닷새면 끝난다. 자동화로 절감된 시간만큼 인력이 적게 들어 인건비도 절감할 수 있다. 하지만 개인이 직접 프리컷 시스템을 주문하기는 쉽지 않다. 업체 입장에서는 비교적 큰 규모의 건물이나 목재의 사용량이 많은 건물에만 프리컷 주문을 받는 편이다. 프리컷 시스템 자체가 공장을 가동해야 하고, CAD/CAM 도면 등 전문적인 지식을 갖춘 인력이 필요한 까닭이다.

이목손(www.imokson.com)은 복잡한 디테일이 있거나 크기가 큰 재단까지 소량으로 진행이 가능하다. 아이베란다(www.iveranda.com)는 크기가 좀 더 작으면서 섬세하게 주문 재단이 가능한 업체다. 기타 작은 가구류를 만들기 위해 목수나 일반인이 많이 찾는 업체는 철천지(www.77g.com), 손잡이닷컴(www.sonjabee.com) 등이 있다. 목재 관련 철물을 판매하고 간단한 재단을 소량으로 주문할 수 있다. 프리컷이나 공방에 관한 자세한 내용은 뒤의 부록을 참고하자.

# Maintenance of Wood

## 목재의 결점과 유지 관리

목재는 제재나 시공을 하더라도 숨을 쉬는 재료이기 때문에 시간이 흐르면 어느 정도 뒤틀림과 변형이 발생할 수 있다. 목재에 해를 끼치는 외부 작용으로 자외선, 수분, 곰팡이 등이 있는데 이는 외관을 좋지 않게 할 뿐만 아니라 수명을 단축하기 때문에 적절한 후처리와 유지 관리가 중요하다. 그러나 기본적으로는 천연재인 목재의 변형을 자연스럽게 받아들여야 한다.

### 수축과 팽창

나무가 서 있다고 가정했을 때 수직 방향으로는 거의 수축이나 팽창이 일어나지 않는다. 주로 종단면을 기준으로 나이테의 접선 방향으로 수축과 팽창이 많이 일어나고 다음으로 나이테와 직각 방향인 방사 방향으로 수축과 팽창이 일어난다. 가장 흔하게 볼 수 있는 판목의 경우 마구리의 나이테 방향을 보았을 때 바깥쪽 나이테 부분이 더 많이 수축되어 휘어짐을 알 수 있다. 당장 휘지 않았더라도 건조되면서 휘게 되니 사전에 고려해야 한다. 이를 막기 위해 특수한 가공을 한 공학목재를 사용하거나 목재에 열처리를 해, 본래 목재의 성질을 변형시키는 작업을 하게 되는데, 이런 작업을 거친 목재를 탄화목Wen01이라고 한다.

### 변색

가공 처리가 제대로 되지 않은 외장재는 일상적인 환경에도 쉽게 변색된다. 비에 젖은 원목의 색이 벽과 바닥게 물드는가 하면, 자외선에 노출돼 본래 나무의 색을 잃기도 한다. 또한 철에 의해 검은 점으로 변색되는 것을 철변현상이라고 한다. 겉으로 보기엔 목재에 곰팡이가 핀 것처럼 보일 수 있으나, 이는 철가루와 수분이 만났을 때 생기는 산화현상이다. 에스와이우드 이승욱 대리는 "오일스테인을 바를 때 스테인을 목재에 고루 스며들게 한 후 설치해야 이런 변색을 막을 수 있다"며 철변현상에 대해선 "스테인리스 스틸로 만든 피스를 사용하거나 수산화칼슘과 물을 1대 3 비율로 희석하여 닦아낸 후 오일스테인을 칠해주면 해결할 수 있다"고 말한다. 또한 나무의 진과 같은 끈끈한 물질이 나와 표면을 오염시킬 수 있는데 해안실업 안명환 이사는 "오염된 부분만 사포로 문질러 제거한 후 오일스테인을 덧발라 마무리해 주면 해결 가능하다"고 말한다.

### 마감재

목재 표면의 보호와 장식을 목적으로 하는 마감재는 습기로부터 목재를 보호하고 표면에 은은한 광을 내고 싶을 때 사용한다. 목재는 기본적으로 마감재로 다양한 도장을 하는데 스테인과 바니시, 그리고 오일을 사용한다. 철재, 콘크리트, 벽돌과 같은 재료는 페인트로 색을 입히지만, 목재에는 스테인을 사용해 색을 낸다. 목재의 결을 자연스럽게 살리고 싶다면 바니시를 바르는 것이 좋다. 반면 결을 살리되 원하는 색을 입히고 싶다면 침투성이 좋은 착색 도료인 스테인을 바르는 것이 좋다.

스테인은 목재에 색을 입힐 뿐 아니라 내부에 침투해 목재의 결을 살리고 보호한다. 크게 도료의 베이스가 기름인 오일스테인과 물인 수용성 스테인으로 나뉘고, 그 외에 젤스테인, 염료스테인 등이 있다. 오일스테인은 냄새가 심해 주로 외부용으로 많이 쓰이며, 수용성

사포는 입도를 표현하는 숫자로
구분하며, 단위면적당 포함된
작은 알갱이의 숫자를 의미한다.
수치가 높을수록 고운 알갱이가
들어 있다는 의미다. 목공용으로
사용하는 사포의 경우, 거친
목재의 표면을 다듬기 위해서
#60~120 정도, 중간 작업에는
#180~220을 주로 사용하며
마감을 위해서는 #600 혹은
#800까지 사용한다. 일반적으로
DIY 작업의 경우, #320 정도의
마무리 작업이면 충분하다.

스테인은 목재에 색을 입힐
뿐 아니라 내부에 침투해
목재의 결을 살리고 보호한다.
크게 도료의 베이스가 기름인
오일스테인과 물인 수용성
스테인으로 나뉘고, 그 외에
젤스테인, 염료스테인 등이 있다.

스테인보다 내구성과 기능성이 우수하다. 수용성 스테인은 냄새가 없어 주로 실내용이나 가구용으로 사용된다. 건조 시간도 오일스테인보다 빠른 편이고 도막을 거의 형성하지 않는 오일스테인과는 달리, 일부는 침투되고 일부는 표면에 남아 도막을 형성한다. 젤스테인은 마요네즈처럼 걸쭉한 제형이며, 헝겊이나 스펀지를 이용하여 닦아내듯이 발라준다. 얼룩이 잘 지지 않아 작업자의 숙련과 관계없이 초보자도 쉽게 사용할 수 있다.

스테인을 바르고 건조시킨 뒤, 그 위에 바니시를 덧칠하면 목재의 표면을 보호할 수 있다. 바니시는 자재 표면에 막을 형성시키는 도막형 도료로, 목재의 표면을 코팅해 긁힘을 방지하거나 광택을 내는 투명한 도료다. 스프레이 타입, 젤 타입, 락커 타입 등 다양하다.

또한 고급 가구의 후처리로 오일을 흡수시키는 방법을 쓰기도 한다. 오일 도장은 나무에 오일이 스며들게 하는 도장 방법이다. 헝겊이나 천으로 목재 표면에 오일을 흡수시켜 윤기를 내주며, 오일을 흡수시킨 후 최종 마감에 왁스를 사용해주면 고급스러운 마감 효과를 낼 수 있다. 오일이나 왁스는 부드럽고 끈적하게 달라붙는 점착성이 있으므로, 칠을 한 후에는 남은 도료를 잘 닦아야 한다. 또한 목재에 기름 얼룩이 지지 않도록 한번에 바르는 것이 좋다.

## 도장 방법과 도구

도장을 할 때는 먼저 도료가 칠해질 자재의 면이 깨끗해야 하며 목재의 표면이 완전하게 건조되어 있어야 한다. 목재 표면에 이물질이나, 기존 도장의 도막이 남아 있는 경우 도장이 잘 되지 않을 뿐만 아니라 좋은 도장 효과를 보기 어려울 수 있다. 비나 눈이 온 후에는 목재 표면에 물기가 없어질 때까지 건조를 시킨 후 도장 작업을 해야 한다. 침투성 도료인 스테인의 경우, 목재의 함수율이 최대 20%를 넘지 않아야 침투성이 떨어지지 않아 도장 후 제대로 된 효과를 볼 수 있다. 또한 기온이 5℃ 이상일 경우에만 작업을 해야 한다. 특히 겨울철에 기온이 5℃ 이하로 떨어졌을 때 작업을 하게 되면, 도료가 목재에 침투하기 어려워지고 도료의 건조 속도도 느려진다.

붓은 가장 일반적인 도장 도구다. 쉽고 꼼꼼하게 도장할 수 있다. 작업자의 숙련도에 따라 작업 성과가 달라지기도 한다. 오일스테인용으로는 모량이 많으면서 모의 길이가 짧은 것이 사용하기에 좋다. 롤러는 넓은 면적을 칠하고자 할 때 가장 편리하지만 붓보다 스테인 소모량이 많고, 구석진 곳이나 골이 파인 곳 등을 칠할 경우에는 붓으로 마무리를 해주어야 한다. 가장 효과적인 도장 도구는 천이다. 작업자의 숙련도와 상관없이 모두가 고르게 도장할 수 있고 도장 소모량도 적어 가장 이상적이다. 하지만 넓은 면적을 도장할 때는 작업 효율이 떨어지므로 피하는 것이 좋다.

## 도장 주기 및 면적

목재는 지속해서 관리하며 재도장해야 한다. 모든 도장재는 내구연한이 있기 때문이다. 오일스테인은 목재의 질감을 최대한 살리기 위해 얇은 막이 형성되기 때문에 내구연한이 짧다. 제품이나 사용처에 따라 다르지만, 일반적으로 상업용 건물 데크나 주택 계단, 사용 빈도가 높은 장소는 1년, 일반 데크나 사람의 접촉이 많은 벽은 2~3년, 일반 벽은 3~5년 정도다. 대체로 오일스테인은 1회 기준으로 리터당 10~12㎡ 정도 바를 수 있고, 건축 외장은 2회 도장을 원칙으로 하기에 리터당 약 5~6㎡(약 2평)를 칠할 수 있다.

# House
# in House

## 나무로 만드는
## 가족 놀이터

정사은 에디터

사람도 자주 보면 익숙해지듯, 소재 역시 자주 접해야 친숙해진다. 이번에는 목재를 이용해 가족 모두가 즐길 수 있는 공간을 직접 만들 것을 제안한다. 때로는 아이들의 상상력이 펼쳐질 풍성한 생활 놀이 공간, 때로는 부모가 아이를 안고 책을 읽어주는 아늑한 교육 공간으로 거듭날 '집 안의 집'이다.

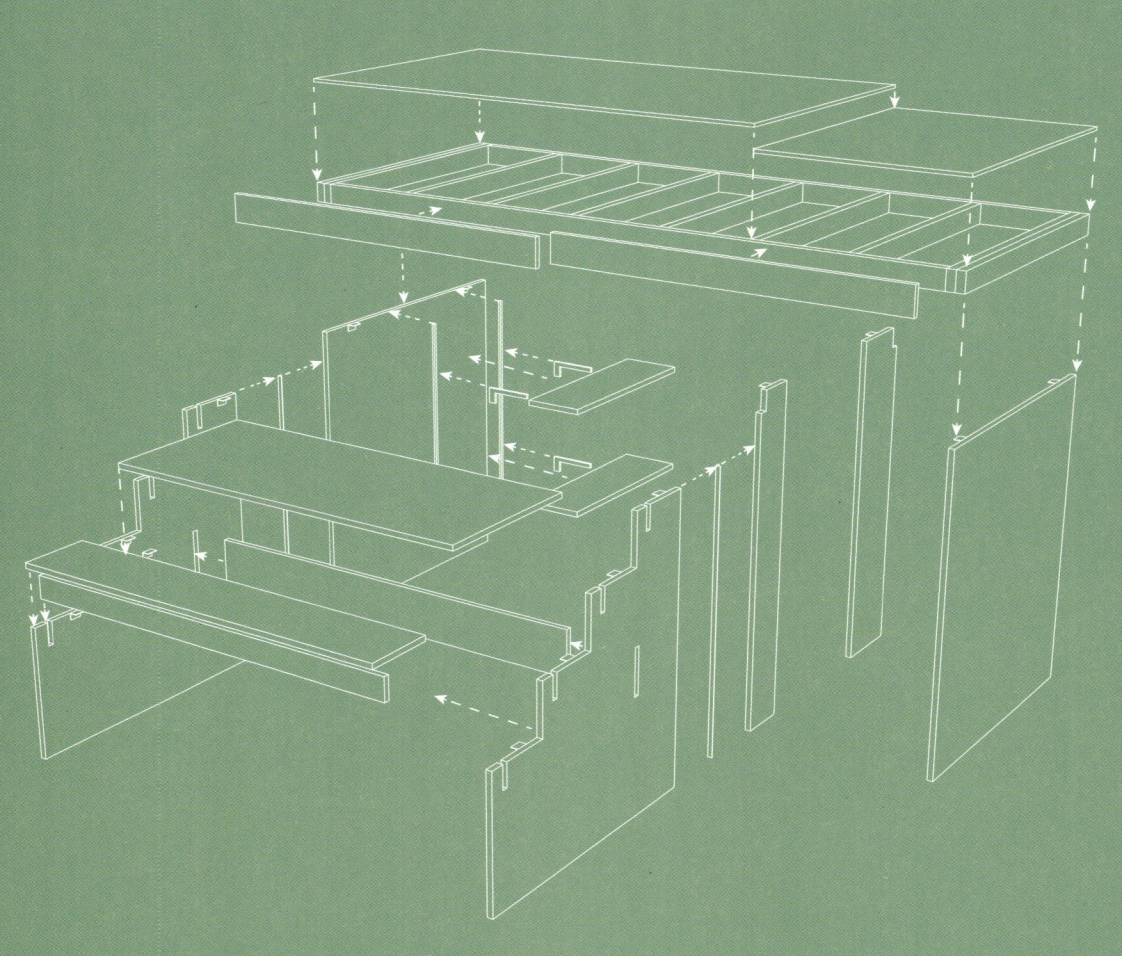

나무로 만든 이 구조물은 아이를 위한 가구이자 어른도 함께 즐길 수 있는
놀이터다. 방 한쪽을 가득 채우며 널찍한 계단과 다락을 연상시키는 2층, 그
아래의 벙커 같은 공간은 집 안에 들어선 또 하나의 집을 떠올리게 한다.
실용을 염두에 두고 어느 공간에 둬도 자연스레 배경으로 녹아들게끔 단순하게
디자인되었다. 두꺼운 판재에 홈을 내 부재를 끼워넣는 방식으로 제작했고, 계단
발판의 크기를 넓게 해 안정적으로 오르내릴 수 있도록 디자인했다. 상판의
위쪽은 침대와 소파로 활용할 수 있으며, 그 아래쪽은 작은 책상이 있는 아이의
비밀 공간으로 꾸밀 수 있다. 사이사이 숨을 곳이 가득한 이 가구는 천성적으로
'아늑함'을 원하는 아이들에게 제격인 공간으로 거듭난다. 특히, 위아래를
오르내리는 행동은 평평한 아파트에 익숙한 아이들에게 새로운 감각을 선사한다.
어른 역시 이곳에서 뛰어노는 아이를 보며, 또는 지붕 덮인 안쪽 안락한 공간에
몸을 기대어 아이와 함께 시간을 보내며 어느새 어린 시절로 돌아간 듯한 기분을
느낄 것이다. 나무로 만든 아지트, 집 안의 집이 선사하는 특별함을 경험해보자.

# 준비하기

**필요 목재** 도면을 가지고 목공소에 가서 부재 준비를 의뢰한다. 도면은 사이트(goo.gl/GdkoRu)에서 확인 후 다운로드 받을 수 있다. 두께 24mm 합판으로 제작 요청하고, 자작나무 소재이면 더욱 좋다. 목공소에 의뢰 시에는 따내기 컷팅이 가능한지 여부를 미리 확인한 후에 진행하는 것이 좋다.

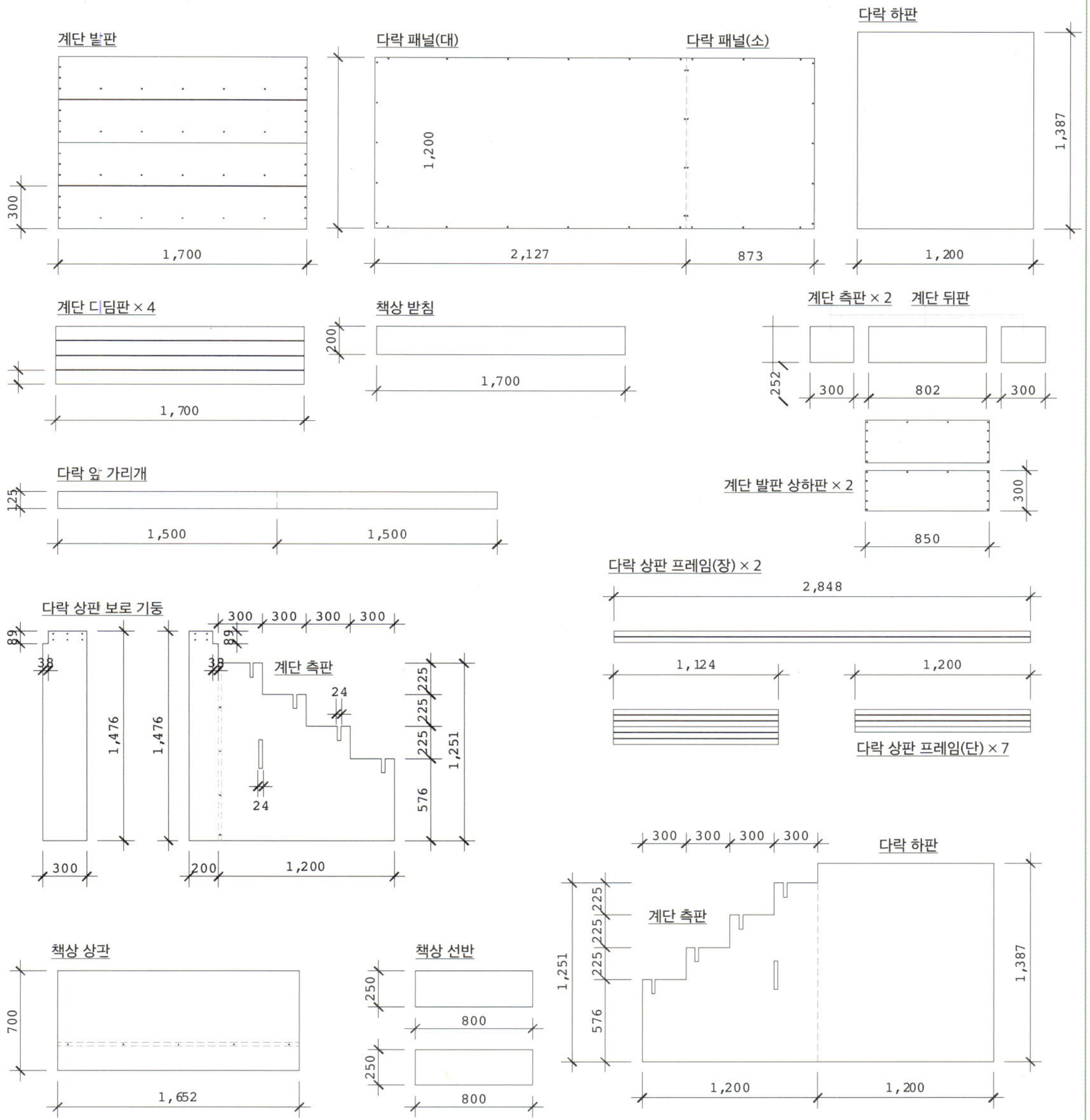

계단 발판
300
1,700

다락 패널(대)
1,200
2,127

다락 패널(소)
873

다락 하판
1,387
1,200

계단 디딤판 × 4
1,700

책상 받침
200
1,700

계단 측판 × 2
252
300

계단 뒤판
802

300

계단 발판 상하판 × 2
300
850

다락 앞 가리개
125
1,500
1,500

다락 상판 보로 기둥
89
38
1,476
1,476
300

300 300 300 300
89
38
계단 측판
24
225 225 225 225
1,251
576
24
200
1,200

다락 상판 프레임(장) × 2
2,848
1,124
1,200

다락 상판 프레임(단) × 7

300 300 300 300
225 225 225
1,251
계단 측판
576
1,200
다락 하판
1,387
1,200

책상 상관
700
1,652

책상 선반
250
800
250
800

**필요 공구**   목재를 재단하고 결합하며 길이를 측정하는 데 쓰이는 도구를 준비했다.

전동/스크루 드라이버      삼각자       줄자        수평계        목공용 풀      다양한 철물

# STEP 1

## 다락 상판 구조 선제작

다락 상판은 가장 면적이 크고 무거운
부분이다. 다른 구조를 세우기 전, 공간에
여유가 있을 때 미리 제작해두는 것이 좋다.
여기서 사용한 상판의 너비는 3,000mm인데,
자녀 방에 설치할 경우, 방의 너비를 꽉 채운
크기로 제작하면 더욱 안정적이다.

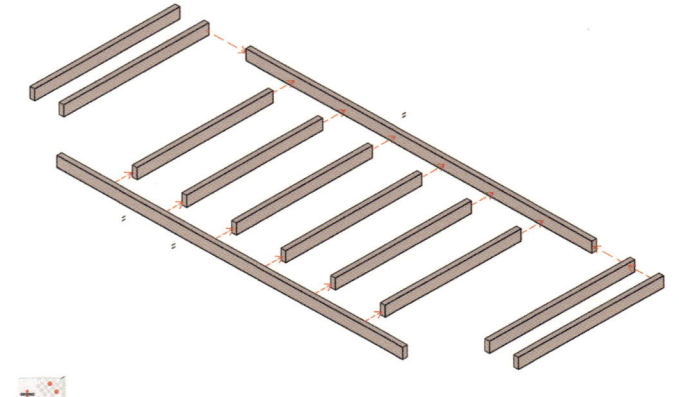

| 필요 공구/부자재 |

전동/스크루 드라이버　　삼각자　　　줄자　　　목재용 못　　목공용 풀

❶ 부재가 결합될 위치에 미리 연필로
표시한다. 이때, 부재 간 간격은
동일한 것이 좋으므로 부재의 두께와
간격을 미리 계산해서 표시하도록
한다.

❷ 연필로 사방 체크할 때는 삼각자를
활용한다(도면을 꼭 참고할 것).

❸ 두 부재를 잇기 전에 목재용 스크루
드라이버로 타공해 나사못이 박힐
곳을 미리 뚫는다. 미리 타공하지 않고
못을 박으면 나무가 갈라져 쪼개질
수도 있으니 유의하자. 타공 깊이는
목재 두 개를 겹친 두께만큼 깊게
박아야 안정적이다.

❹ 못을 박기 전에 목공용 풀로 1차
접합을 해 고정력을 높인다.

❺ 목재용 나사못으로 두 개의 부재를
조립한다. 전동 드라이버를 사용해
단단히 고정한다. 나머지 모서리들도
1~4단계까지의 과정을 거쳐 꼼꼼히
결합한다.

# STEP 2

## 계단 지지벽 제작

계단을 양쪽에서 지지하는 지지판을 세운다.
두 지지판 사이에 튼튼한 보를 고정해
구조재 역할을 하도록 만들고, 보의 상부에
작은 상판을 걸어 내부의 아늑한 미니
책상으로 활용한다.

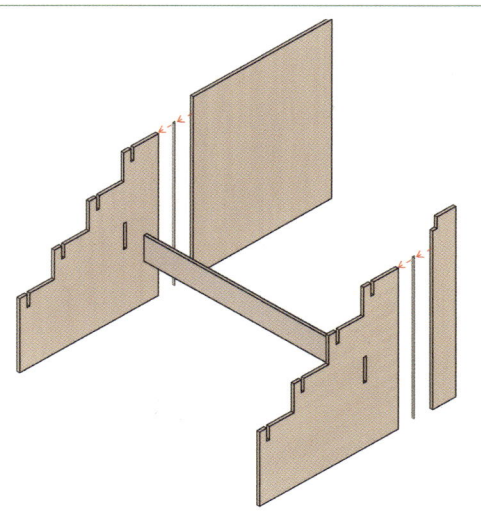

| 필요 공구/부자재 |

전동/스크루 드라이버　　삼각자　　수평계　　철물: ㄱ자 알루미늄 앵글

❶ 왼쪽 벽체를 구성하는 두 판을 먼저
목재의 높이에 맞춰 잘라온 ㄱ자
알루미늄 앵글을 사용해 결합하기로
한다. 스크루 드라이버를 이용해
철물에 못을 박을 위치를 타공해 두는
것이 좋다. 타공은 40mm 간격으로
하며, ㄱ자 두 면에 모두 실시한다.

❷ 철물을 사이에 두고 두 판을
연결하는데, 먼저 ㄱ자 알루미늄
앵글의 한쪽 면을 계단 쪽 판재와
연결한다.

❸ ㄱ자 알루미늄 앵글의 다른 면을 다른
판과 또 연결한다. 부재를 바닥에
내려놓고 작업하면 수평이 잘 맞는다.
이때 철물이 안쪽으로 숨겨지도록
위치를 잡는 것이 보기에도 좋고
사용할 때도 불편하지 않다.

❹ 수평계를 이용해 벽에 붙인 계단
지지벽이 수평을 이루는지 확인한다.
수평이 맞지 않으면 하단에 목재 조각
등을 괴어 수평을 잡는다.

❺ 계단 안쪽 판을 세운 뒤 홈이 파인
곳에 맞는 결합용 목재 부재를
끼워넣어 두 판을 고정한다.

❶

❷

❸

❹

❺ 　　　　Finish

# STEP 3

## 계단 아래 작은 책상 만들기

계단 아래에 작은 공간을 활용해 아이의
아지트 겸 책상용 공간을 만든다. 책상
구조는 계단 양 벽을 연결하는 부재의
역할도 한다.

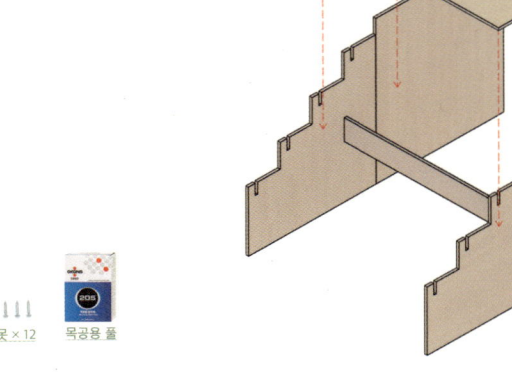

**필요 공구/부자재**

전동/스크루 드라이버    수평계    철물: ㄱ자 연결 철물(소) × 4    못 × 12    목공용 풀

❶ 책상을 만드는 데 필요한 목재와
연결 철물을 준비한다. ㄱ자 연결
철물을 책상 상판 하단부 네
모퉁이에 전동 드라이버로 미리
고정해 둔다.

❷ STEP2의 5단계에서 끼운 보가
책상의 하단을 받치는 부재를
겸한다. 그 위에 목공용 본드를 발라
1차 고정 작업을 해둔다.

❸ 1번 작업 부위 위에 위치를 잡아
2번 작업물을 올린 뒤에 수평계로
수평을 잡는다. 수평선을 연필로
표시해 둔다.

❹ 미리 설치한 ㄱ자 연결 철물을
양쪽 계단 벽체에 전동 드라이버로
고정한다.

Finish

# STEP 4

## 책상 옆 작은 수납선반 만들기

계단 아래에 만든 책상 옆, 책과 소지품을
올려놓기 좋도록 찬넬로 선반을 짜주는
건 어떨까? 찬넬 부자재와 자투리 목재만
있어도 만들 수 있는 간단한 공정이다.

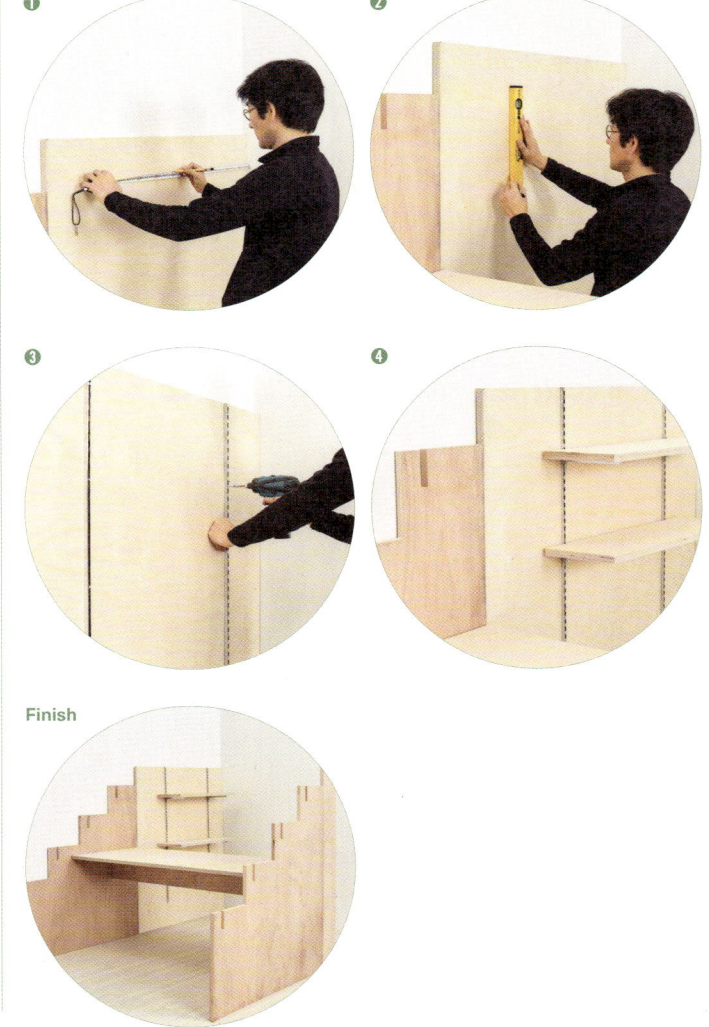

**필요 공구/부자재**

전동/스크루 드라이버

수평계

줄자

철물: 찬넬선반 지지대 × 4

철물: 찬넬 × 2

❶ 판재와 찬넬 재료만 있으면 선반을 만들
수 있다. 시중에 파는 찬넬을 필요한
길이만큼만 잘라서 구매했다.
찬넬의 간격과 거리는 정해진 바가
없지만, 전체 벽을 3등분해서 구분선에
찬넬용 철물을 고정하는 것을 추천한다.

❷ 물건이 쏟아지지 않게끔 수평계로
위아래 간격 및 수직과 수평을 꼼꼼히
맞추도록 한다.

❸ 전동 드라이버를 이용해 찬넬을 못으로
고정한다.

❹ 찬넬에 지지대를 걸고 그 위에 판재를
올려 선반으로 사용하면 된다. 높낮이를
자유자재로 조정할 수 있다.

❶

❷

❸

❹

**Finish**

# STEP 5

## 계단 디딤판 제작

계단은 총 다섯 개의 단으로 이루어져
있으며, 제일 아래 계단은 수납선반을 겸한
것으로, 총 네 개의 디딤판이 필요하다.
디딤판은 보강재와 발판으로 이루어져
있으며, 이를 벽면에 튼튼하게 고정해 주면
된다.

| 필요 공구/부자재 |
|---|

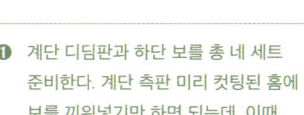

전동/스크루 드라이버    철물: ㄱ자 연결 철물(대) × 8    목공용 풀    철물: 못 × 32

---

❶ 계단 디딤판과 하단 보를 총 네 세트
   준비한다. 계단 측판 미리 컷팅된 홈에
   보를 끼워넣기만 하면 되는데, 이때
   단단한 2차 고정을 위해 홈에 목공용
   본드로 발라두는 것이 좋다.

❷ 발판을 올릴 곳 위에 미리 목공용
   본드를 바른다.

❸ 발판을 단단하게 고정할 수 있도록
   드릴을 이용해 ㄱ자 연결 철물을
   설치한다.

❹ 발판을 올리고 전동 드릴을 이용해
   벽과 발판을 결합한다. 이때는 목재의
   두께보다 짧은 나사못을 이용하는 것이
   좋다.

# STEP 6

## 다락 상판 올리기 - 1

계단이 모두 만들어졌고, 이제 STEP 1에서
미리 만들어 두었던 상판 프레임을 위에
올릴 차례다. 상판이 올려지는 기둥 역할의
부재에 보강을 위한 철물 밑작업을 미리
해두는 것이 좋다.

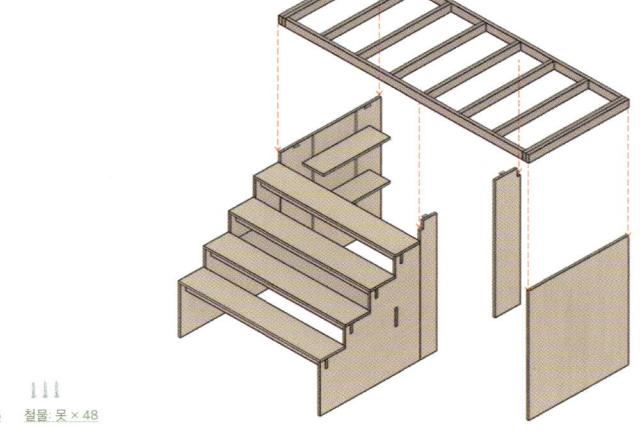

필요 공구/부자재

전동/스크루 드라이버    수평계         철물: ㄱ자 연결 철물(대) × 6    철물: 못 × 48

❶ 계단 0·래 책상으로 들어가는 부분에
   작은 벽을 하나 세워 게이트 같은
   효과를 줌과 동시에, 무거운 다락
   상판을 지지하는 기능도 겸하도록 한다.
   또 계단- 반대쪽 벽면 역시 벽에 판을
   세워 상판의 무게를 나눠 질 기둥으로
   활용한다.

❷ 작은 벽은 미리 철물을 고정해 이 위에
   나무판이 올려지면 이를 고정할 수
   있도록 해두었다.

❸ 이 벽은 사진과 같이 계단 밑 책상으로
   들어가는 입구의 역할을 겸한다.

❹ 다락 상판이 올려질 것을 예상하고 이를
   고정할 ㄱ자 철물을 미리 설치한다.

❺ STEP 1에서 미리 제작한 다락 상판
   좌우에 미리 제작해둔 보강재를 덧대어
   올리기 쉽도록 튼튼하게 보완한다.
   이때, 목재가 두껍고 단단히 고정돼야
   하므로 스크루 드라이버로 파낸 뒤 전동
   드릴로 깊게 박는다.

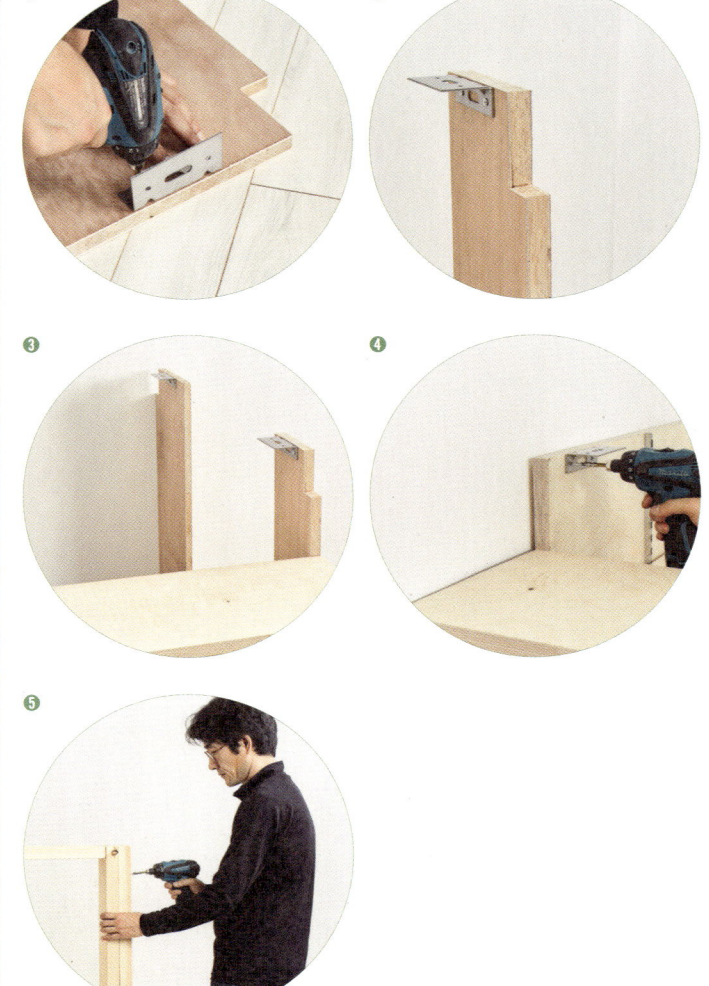

❻ 목재의 좌우, 연결되고 맞닿는 부분은 목재용 나사못을 이용해 곳곳을 박아주는 것이 좋다.

❼ 5단계에서 보강재를 덧댄 다락 상판을 구조물 위에 얹는다.

❽ 수평계를 이용해 수평이 맞는지 확인한다. 벙커침대처럼 잠을 자기도 하고 공부하기도 하는 공간이기 때문에 수평이 맞지 않는다면 자투리 목재 등으로 벽을 세울 때 바닥에서부터 이를 맞추는 것이 중요하다.

❾ 4단계에서 미리 설치해 둔 ㄱ자 철물을 다락 상판 곳곳에 피스로 고정해 완성한다.

Finish

# STEP 7

## 다락 상판 올리기 - 2

다락 상판의 프레임이 제작되었고, 이제 그
위에 합판과 마무리 외장재를 붙일 차례.
철물 본드 등을 이용해 뼈대를 튼튼하게
고정했다면 그 위에 합판을 올리는
것만으로도 안정적인 구조물이 될 수 있다.

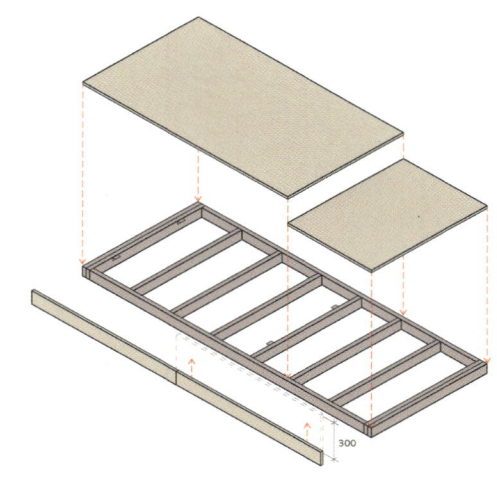

| 필요 공구/부자재 |
전동/스크루 드라이버   목공용 풀   철물: 못×여러 개

❶ 다락 상판을 덮을 판재가 필요하다.
이번에 제작한 상판은 총 3,000mm로,
합판 1장으로 제작이 불가능해 2장으로
나누어 제작했다. 설치하고자 하는
장소의 너비에 따라 길이나 합판 매수는
달라질 수 있다.

❷ 합판을 올리기 전, 목공용 풀로 1차
고정한다. 목공용 풀로 칠할 경우
나중에 분리하기 힘드니 상황에 맞춰
선택적으로 시공한다.

❸ 간격이 벌어지지 않도록 주의하며
합판을 올린다. 특히 2장을 이용하는
경우에는 STEP 1의 뼈대를 짤 때
합판과 합판 사이 이음매 아래에 장선이
지나가도록 하면 더욱 안정적인 구조가
될 수 있다.

❹ 계단 위 다락 공간에 올라가서 전동
드릴을 이용해 합판을 다락 상판 뼈대에
고정한다.

❺ 정면에서 보이는 면은 옹이가 없는 다락
구조 가리개용 목재를 덧대어 깔끔하게
마무리한다.

❻ 이때 바깥에서 안으로 박는 것보다
안쪽에서 박는 것이 더 깔끔한 외관을
만들 수 있는 방법이다.

# STEP 8

## 계단 발판 제작하기

마지막 단계로 첫 번째 계단이자
수납공간으로도 활용할 수 있는 계단 발판을
제작하도록 한다. 미리 부재를 컷팅해 둔
덕분에 목공용 본드와 드라이버 등을 이용해
이를 연결하는 작업만 하면 된다.

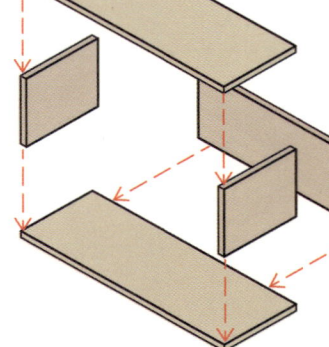

**필요 공구/부자재**

전동/스크루 드라이버　목공용 풀　철물: 목공용 못 × 12

❶ 한쪽 면이 뚫린 사각형 박스를
만든다고 생각하면 된다. 필요한
판재는 총 5매다. 먼저 목공용 풀로
1차 접합한다. ㄷ자로 구조를 만든
뒤, 상하판을 차례로 이어 붙이는
과정이다.

❷ 목공용 풀은 처음에는 임시 고정
역할이지만, 나중에 피스가 박힌
뒤에는 목재를 더욱 단단하게 연결해
주는 접착제 역할을 한다.

❸ 접합부에 못을 박아 더욱 견고하게
고정한다.

❹ 위와 아래 상판에도 1~3단계를
동일하게 반복한다. 이때, 접착용
풀은 넉넉하게 사용해 넓은 면적에
고르게 발리도록 하는 것이 좋다.

❺ 상판을 덮고 피스로 고정하면 한쪽
면이 뚫린 계단 발판이 완성된다.

아이에게 계단은 오르내리는 통로이자 걸터 앉을 수 있는 벤치가 되기도
한다. 디딤판의 면적을 넓게 해 아이가 안정적으로 걸터앉을 수 있도록
디자인했다. 층을 오르내리는 감각을 선사하는 계단이 있고, 계단 아래에는
작은 책상이 있는 아이용 서재를 만드는 디자인을 제안한다. 가장 위에 넓은
판재를 올려 상단은 침대로, 그 아래는 지붕이 있는 쉘터로 만들 수 있다. 소품
협찬은 (주)루밍(www.rooming.co.kr), 바닥은 구정마루의 스웨디시 화이트.
목재 구조물 디자인은 (주)팀일오삼건축사사무소 윤재선 건축가.

침대의 아래쪽은 천성적으로 벽과 지붕이
있는 곳을 만들려는 아이들의 습성을
이해하고 이를 나무로 만든 이 구조물에
녹여냈다. 취향에 따라, 용도에 따라
아이가 마음껏 꾸밀 수 있는 벙커 같은
공간이다.

계단 아래, 막힌 줄만 알았던 이곳을
책과 소지품을 올려놓을 수 있는 선반과
공부할 수 있는 책상이 있는 작은
어린이용 서재로 디자인했다.

# Interview 1
## 목재로 구축한 수공예 작품: 서편재

인터뷰
심영규 에디터

구로시장을 지나다 보면 목재를 직조한 6층 건물이 눈에 띈다. 건물의 입면에 19m의 적삼목을 촘촘하게 두른 모습은 소쿠리를 닮았다. 1970년대 편직물 시장이 있던 자리에 들어선 서편재는 '작은 나무 서(栖)', '엮을 편(編)'으로, 나무가 엮어진 집이라는 뜻이다. 이름대로 적삼목Wfe03을 12mm로 얇게 켜냈는데 부러지지 않고 자연스러운 굴곡을 만든다. 이재성은 평소 건축을 수공예적으로 접근하며 재료의 특성을 살린 구조와 입면을 실험해 왔다. 전작인 서우재도 전동 목재 루버를 사용해 도시에 재미를 더한다. 그의 사무실인 서우재에서 서편재에 관해 물었다.

**이재성**
**(지음재 아키텍츠 대표)**
미국 국가공인 건축사다.
서울예술고등학교와 홍익대학교에서 회화를 전공했고, 미국 텍사스 오스틴 대학에서 건축학 석사 학위를 받았다. 저디 파트너십에서 건축 실무를 익혔고, 현재 지음재 아키텍츠(ZMJ Architects) 대표다. 주요 작업으로 서우재와 서편재가 있다. 서우재는 2014년 서울시 건축상을 받았고 서편재는 2015년 김수근프리뷰상을 받았다.

**감씨(감)** 서편재는 무슨 뜻인가?

**이재성(이)** 서편재는 '작은 나무 서(樨)', '엮을 편(編)'으로, 나무가 엮어진 집을 뜻한다. 건물이 자리한 구로동에는 1970년대 편직물 시장이 있었다. 편직물은 섬유를 엮어 만든 것으로, 섬유가 2D라면 편직물은 3D가 되어 사람의 몸을 덮는 옷이 된다. 그러한 의미에서 서편재와 잘 어울리는 듯하다. 나무를 사용했지만 소쿠리가 된 것 아닌가. 나는 건축을 수공예 작업으로 생각한다. 마치 영국의 미술공예운동(Art and Craft Movement)처럼 말이다. 지음재의 건축은 기능적인 것, 미적인 것, 실험적인 것 등 다양성을 추구한다. 그러다 보니 재료를 사용하는 것도 매번 실험이자 모험이다.

**감** 서편재의 입면이 독특하다. 외부 루버를 어떻게 구성했는가?

**이** 서편재의 외피는 소쿠리처럼 나무를 휘어 직조처럼 짠 형식이다. 한 개의 루버 높이는 250mm, 두께 12mm, 길이 3m로 루버 사이의 간격은 170mm다. 이 루버 5개를 연결하여 총 19m의 나무가 연속적으로 굴곡지며 구성된다. 참고로 적삼목은 얇게 재단해도 부러지지 않는다. 건물 뒤편에서 볼 때는 목재를 연결했기에 끊겨 보이지만 전면에서는 연속성을 갖고 있다. 입면에 루버를 사용하는 건축가가 많은데, 그러한 건축물들은 굉장히 무거운 철골구조에 루버가 장식처럼 매달려 있는 구조다. 그러나 서편재는 다르다. 입면을 위한 별도의 구조가 필요하지 않고, 구조 자체가 입면의 요소가 되는데 나는 이러한 방식이 완성도가 더 높다고 생각한다. 그리고 경제성과 시공성 또한 함께 들어맞아야 한다. 향후 관리와 보수 차원에서 국내에서 누구든지 고정할 수 있도록 설계했다.

**감** 목재는 어디에서 구매했나?

**이** 루버용 목재를 구매할 당시 고민이 많았다. 재료 구비에서 가장 중요한 것은 경제성인데 내가 생각한 재료비 기준에서 벗어났다. 적삼목을 구매하기 위해 조사해보니 국내 업체는 비용이 컸다. 경희대학교 이두열 교수로부터 일본 업체 목-키포인트(木-keypoint)를 소개받았다. 이 업체는 아이치현 나고야 근처에 있는데 그곳은 우리나라의 태백산맥과 같이 산과 물이 좋은 지역으로, 이곳에 나무 재배 및 가공을 같이 하는 협동조합이 있었다. 또, 목재를 얇게 가공해야 했는데, 한국에선 20mm가 최소였으나

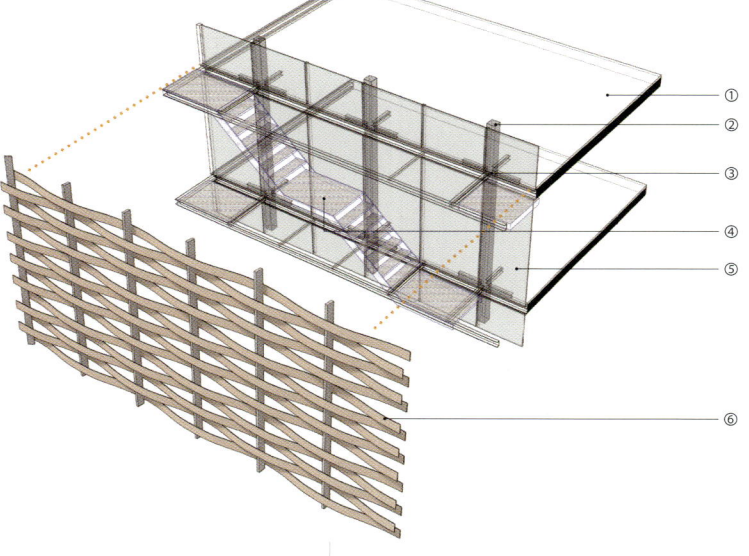

① RC 플랫 슬라브
② 200 x 200 철골기둥
③ 보(girder)
④ 발코니
⑤ THK24 2중 유리
⑥ 목조 루버

① 핸드레일
② THK15 적삼목(w=270)
③ SC3: ㅁ-150x50x3.2
④ 'ㄷ'형 철물
⑤ SB1: 150x75x6.5x10(SCG1,2를 접합연결)
⑥ SB1: 150x75x6.5x10
⑦ SCG2: H-150x150x7x10 or SB3: 48.6x3.2
⑧ THK24 일면로이복층유리
⑨ AL frame-100x60
⑩ SC1: ㅁ-200x200x12
⑪ THK1.6 STL PL
⑫ THK10 셀프레벨링
⑬ THK50 모르타르
⑭ H-148x100x6x9
⑮ H-148x100x6x9 or H-150x150x7x10(SCG1, SCG2)

일본은 12mm까지 가능했다. 국내에서는 비용과 기술, 노하우 문제를 해결할 수 없어 목재 구매부터 가공 작업까지 모두 일본에서 진행했다. 덕분에 비용을 절약할 수 있었다. 국내 업체에서는 예상비용을 1억 원까지 책정했지만 일본에서는 마무리까지 3,650만 원에 가능했다.

**갑** 나무로 외피를 구상할 때 직조 방식을 택한 이유는 무엇인가?

**이** 도시 건축에 있어서 스킨과 외피는 굉장히 중요한 숙제다. 스킨은 프라이버시와 건물의 온도, 미적으로 중요하기 때문이다. 나무를 사용하려던 초기에도 휘어서 붙인다는 생각은 하지 못했다. 나무를 2D로 고정하는 것이었지만 시뮬레이션을 돌려보니 예쁘지 않았다. 그러나 나무의 휘는 물성 자체를 두고 보니 3D의 휨이 나왔고 직조하는 방식으로 목재를 사용하게 되었다. 이후, 시뮬레이션을 다시 돌리자 서편재는 앞에서 빛을 받으면 반대편으로 반사되고 비치면서 다양한 빛을 만들어 냈다. 나무를 휘게 하여 직물처럼 짰기에 한 방향으로만 빛을 받아도 같은 면에서 다른 빛들이 만들어지는 것이다.

**갑** 빛이 가장 드라마틱한 시간대는 언제인가?

**이** 야간이 가장 드라마틱하다. 실내에 조명이 들어왔을 때 건물 자체가 마치 거대한 조명이 되는 것 같다. 서편재가 위치한 동네는 개발이 덜 되어 야간에 어둡다. 서편재가 길목에서 사각의 '큰 소쿠리 조명' 역할을 하게 되었다. 그래서인지 개인적으로도 야간 모습이 좋다. 그리고 여름 해가 뜨는 오전 10시 동남쪽에서 비치는 햇빛도 건물을 예쁘게 만들어 준다. 태양의 고도가 낮은 아침이나 늦은 오후에는 더욱 도드라지는 듯하다.

**갑** 목재를 외장재로 사용할 때 변색의 우려는 없는가? 일반적으로 사람들은 옹이가 없고 변형이 없는 목재를 찾는다. 업체에서도 화학 처리를 해 목재가 변하지 않도록 하는데, 적삼목은 어떠한가?

**이** 바니시를 바르지 않고 오일스테인만 발라 최소한의 인공 처리만 했고 시간이 지나면서 변화하고 있다. 바니시는 자연목에 공기가 통하지 않도록 완전히 봉하여 보호하는 것이다. 그런데 바니시가 벗겨지는 과정이 예쁘지 않다. 이러한 경험으로 인해 사람들은 시간이 지나면서 재료가 변화하는 것을 두려워하게 되는 듯하다. 내가 생각하는 건축은 시간이 지나면서 자연스럽게 늙어가는 것이다.

**갑** 전작인 서우재의 경우, 외부에 사용한 적삼목의 유지 보수를 위해 특별한 처리가 필요했나?

**이** 나무를 외부에 사용해도 부패하지 않을 정도의 방부 처리만 했다. 목재 내에 수분은 놔두고 고압으로 약품을 주입하는 방식이었다. 이 작업 또한 국내와 일본의 비용 차이가 컸다.

**갑** 건축 재료로서 나무가 주는 가치는 무엇이라고 생각하는가?

**이** 우리나라 전통건축은 돌을 그대로 갖다놓고 재단하고 휜 나무를 보로 사용하는데 이것이 자연스러우며 강한 힘을 가진다. 요즘은 채소도 성장 지역별로 분류해 유통하며 소비자는 이를 선택해서 구매하는 인식이 생겼다. 이처럼 목재 구매도 다양화되었으면 좋겠다. 콘크리트나 철재처럼 공장화된 재료는 분명 한계가 있기 때문이다. 몇백 년 된 건물이 멋있는 것은 시간성을 지니고 있어서다. 나무는 자연 재료로 그 시간성이 더 잘 나타난다. 외부의 에너지나 힘에 의해 변화하는 것이 나무의 물성이다. 그 고유의 정체성을 잘 살리면 더 좋다고 생각한다. 이것이 내가 나무를 사용하는 이유다.

정리 양은혜 에디터

| 서편재 | |
| --- | --- |
| 설계 | 이재성, 김남수 |
| 위치 | 서울시 구로구 구로동 |
| 대지면적 | 330㎡ |
| 연면적 | 999.45㎡ |
| 규모 | 지상 6층, 지하 1층 |
| 구조 | 철근콘크리트, 철골 |
| 완공 | 2017년 3월 |
| 사진 | 신경섭 |

# Interview 2
## 목구조의 한계를 밀어붙이다: 국립산림과학원 산림유전자원부 종합연구동

인터뷰
심영규 에디터

국립산림과학원 산림유전자원부 종합연구동은 2013년 설계를 완료해 2016년 7월 완공된 국내 최초 4층 규모의 목구조 건축물이다. 해외의 고층 목구조 건축물에 비해 규모는 작지만 국내 실정에 비추어 보면 실험적인 건물이다. 평소 목구조에 관심이 많던 배기철은 2001년부터 제주도에 로드랜드 클럽하우스, 한밀숲도서관 등 다양한 목재 건물을 설계했으나 실현하지 못했다. 최근 산림유전자원부 종합연구동을 완공한 후 오스트리아 빈에서 열린 세계목조건축대회에 참여하는 등 목구조 연구에 박차를 가하고 있다.

**배기철**
**(아이디에스 대표, 울산대학교 교수)**
1985년 홍익대학교 미술대학 조소과를, 1988년 중앙대학교 대학원 건축학과를 졸업한 후 1994년 일리노이 공과대학교에서 건축학 석사를 받았다. (주)COSMA디자인연구소, TLPA(미니애폴리스), Ellerbe Becket(미니애폴리스), RTKL(LA)에서 근무했다. 2000년부터 2007년까지 중앙대학교 건축학부 겸임교수로 강의했고, 현재 울산대학교 건축학부 객원교수로 근무 중이다.

**감씨(감)** 국내 최대 규모의 4층 목조건축인 산림유전자원부 종합연구소를 설계하게 된 배경에 대해 소개해 달라. 목구조를 위한 일종의 실험이었나?

**배기철(배)** 평소 목구조에 관심이 많았다. 산림과학원에서 두 개의 프로젝트를 공모한다는 것을 알았고, 디자인공모를 거쳐 종합연구소 설계에 당선됐다. 원래 테스트베드였지만 그러지 못했다. 공사 직전에 가서야 구조 실험을 했다. 그 과정에서 다양한 데이터가 생성되어야 하는데 새로운 기술이나 목조주택에 사용할 수 있는 데이터가 구축되어 있지 않았다. 그래서 이를 파이널 프로젝트라고 부르기에 적합하지 않다. 다만 국내 최초의 4층 적층 목조건축이라는 데 의의가 있다. 주요 골조에 국산 낙엽송을 사용했다는 것과 4층 건물을 지어도 문제가 없다는 것을 보여주는 것이 의도였다. 나머지는 미송을 사용했다.

**감** 1년 8개월의 시공 기간 동안 특별한 어려움은 없었나? 특히 구조적 문제가 어려웠을 것으로 예상된다.

**배** 첫 번째로, 설계 데이터가 부족했다. 건축가는 설계를 할 때 자신이 가장 안전하다고 믿는 시스템을 사용한다. 현재 우리나라에는 신뢰할 수 있는 목재 시스템이 없다. 단지 기둥을 세우고 보로 연결한다는 간단한 원칙만 있을 뿐이다. 1시간의 내화 검증 외에는, 목재가 수축 및 팽창에 따라 10년, 20년이 지나면서 어떻게 변형된다는 내용의 레퍼런스도 없다. 수축률이 서로 다른 콘크리트와 목재는 구조를 평행 계산해야 하는데 국내엔 데이터가 없어 이를 시행할 수 없었다.

두 번째 난관은 목구조 엔지니어가 없다는 것이었다. 4층 높이 건물에 사용될 부재의 크기와 간격, 부재 간 결합 등을 검증할 엔지니어가 없다보니 정확한 재료 크기나 물량의 산출이 어려웠고, 현장에서의 임기응변이 과하게 요구되었다. 여기에 구조까지 드러낼 정도로 깨끗한 마감으로 시공하려면 제한된 예산을 맞추기가 어렵다고 판단했다. 자연스레 구조가 외부에 드러나지 않도록 설계하게 되었다.

세 번째로는 법적으로 많은 제한이 있었다. 법적인 제약이 많다는 것은 아무것도 규정되어 있지 않다는 것과 마찬가지다. 또한 이 작업은 테스트 형식이 강했기 때문에 목업(mock-up)을 제작할 예산조차 없어 시공자, 설계자가 지어지기 전 직접 눈으로 확인하는 과정이 부족했다.

끝으로 시공자도 나중에 결정되다보니 결국 시공자가 경험해 봤거나 실현 가능한 것만 하게 됐다. 시공 자체는 오래 걸리지는 않았지만 시공자를 선정하는 과정만 1년 넘게 걸렸다.

① THK20 아코야사이딩(오픈조인트/
피스공법), 수성스테인 2회, 38×89 방부목
@406(레인스크린), THK11.1 구조용 OSB 합판,
2"×8" 구조목 @406

② THK11.1 OSB 합판

③ THK11.1 OSB 합판, 38×38 각재 @610㎜

④ 38×38 각재 @1220㎜, THK11.1 OSB 합판

⑤ THK20 목재사이딩(오픈조인트)/천연스테인 2회,
THK28.6 구조용 OSB 합판

⑥ THK9.0 미송합판

⑦ 18×38 방부목 @406, 38X38 각재
@610*2440㎜, THK11.1 구조용 OSB 합판

⑧ 30 미송각재틀, THK12.0 합판1겹, THK12.5
무늬목 랩핑 합판

⑨ 2"×8" 구조목 위 천연스테인 2회

⑩ THK20 아코야사이딩(오픈조인트/
피스공법), 수성스테인 2회, 18×38 방부목
@406(레인스크린), THK11.1 구조용 OSB 합판,
2"×8" 구조목 @406

⑪ 20×120 아코야방무목/천연스테인 2회, THK18
구조용 합판, 2"×10" 구조목 @450

⑫ 120×260 집성목 Cladding

⑬ 집성목기둥

⑭ THK9.0 미송합판/천연스테인 2회, THK11.1 OSB 합판

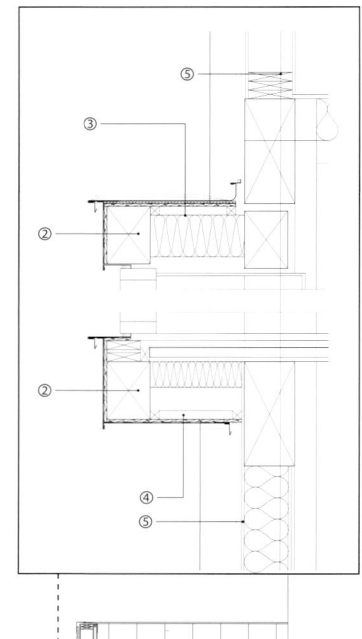

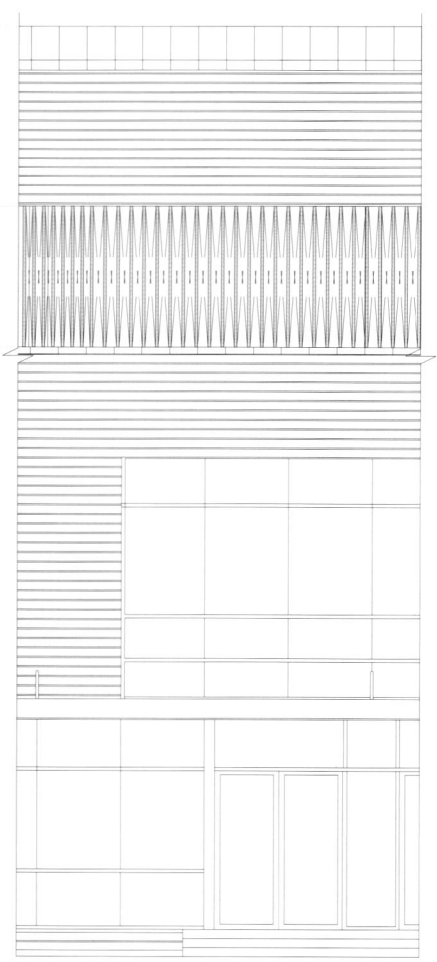

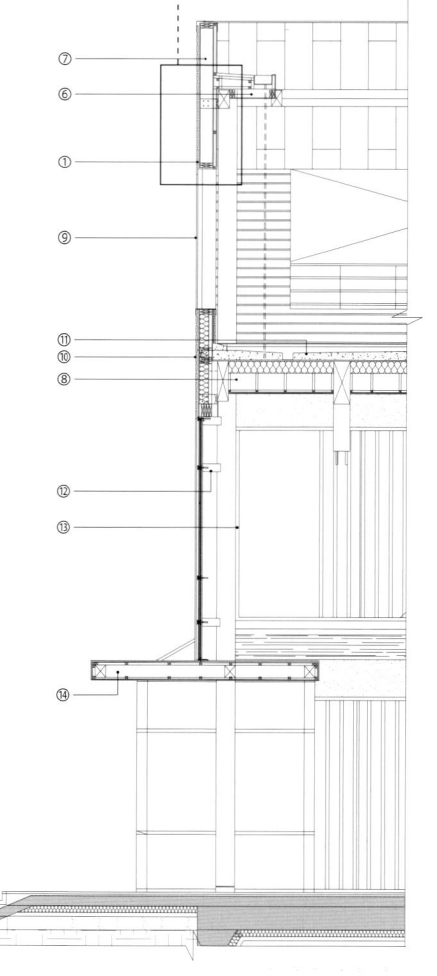

**감** 시공자가 할 수 있는 범위 내에서만 시공을 해야 한다는 것이 매우 안타까운 현실이다.

**배** 위에서 언급했듯 발주 시스템이나 정부의 진행 상황상 그것을 타파하는 것이 어렵다. 기술적으로 완벽한 도면을 만들어 낸다면 현장에서 '알아서 해달라'는 상황은 거의 사라질 것이다. 그러기 위해서는 사전에 건축가와 시공자 간에 많은 소통이 이뤄져야 하며 시공자 자신들이 무엇을 잘하고 시공하기 유리한지에 대한 협의가 필요하다. 그런 과정을 거쳐야 건축가가 건축주에게 시공 회사의 선택에 따른 당위성을 갖고 좋은 공간을 만드는 데 집중할 수 있다.

목재를 다뤄본 경험이 없는 건축가는 시스템만 알 뿐, 현장에서 목재가 어떤 반응을 일으키는지 모른다. 미국의 경우 구조 체크를 반드시 받게 되어 있다. 허가를 위한 건축사의 도장이 없어도 구조기술사, 특히 지붕의 구조 체크는 반드시 받게 되어 있다. 우리도 한국형 목조주택을 고민해야 하는 시점이다.

**감** 현재 한국에서 단기간에 목조건축에 대한 인식을 변화시키고 동시에 새로운 목조 건물을 시도해 볼 수 있는 방법은 무엇이라고 생각하나?

**배** 캐나다 밴쿠버의 브리티시컬럼비아 대학교 내에는 18층 높이의 목조 건물 기숙사가 표본 사례가 없음에도 불구하고 시공되고 있다. 이 대학은 그린 캠퍼스를 추구하며 '지속가능성(sustainability)'을 내세워 캠퍼스 내에 많은 목조 건물을 짓고 있다. 반면 우리나라는 산림과학원과 산림청이 실험적인 목조 건물 관련 정책을 주도할 수밖에 없는 환경이다. 기관에서는 층간 소음이나 수축 및 팽창, 온도 그리고 구조에 따른 목재의 변형 등을 해결하고 새로운 기술을 계속해서 제공해줘야 한다. 이는 건축가나 소비자가 할 수 없는 부분이기 때문이다. 목재는 내화구조를 인증받은 업체만 생산해낼 수 있는데 기술의 장벽을 막아 놓으면 그 산업은 후퇴할 수밖에 없다. 1시간 내화를 위해서는 목재 40mm만 더 붙이면 누구나 할 수 있는 일이다. 우리나라는 한옥의 역사, 나무에 대한 DNA를 갖고 있다. 목재가 드러나지 않는 경골목구조에서 중목구조로 바꿔야 하는 것이 단기적인 과제다. 서양으로부터 수입된 경골목구조를 답습만 하는 것이 아니라 목재를 외부에 드러내 전통건축의 틀을 계승하고 발전시켜 나가야 한다. 중목구조는 경골목구조에 비해 비용은 약간 높지만 얻는 장점은 훨씬 많을 것이다.

**감** 중목구조처럼 구조가 외부에 드러날 때 얻는 장점은 무엇인가?

**배** 경골목구조에 없는 표현 방식을 가질 수 있다. 중목구조에서는 구조의 솔직함이 표현되는 방식을 볼 수 있는데 목재가 공학적인 가공을 거친다고 해도 나무가 갖는 재료의 솔직함을 없앨 수는 없다. 중목구조는 내부 공간을 과하게 치장하지 않아도 구조 자체로 안정적인 비례를 갖는다. 30~40cm 두께의 목재는 대기가 습할 때 습기를 먹고, 건조해지면 습기를 다시 내뿜어 천연 가습기 역할을 한다. 목재로 집을 짓는다면 자연환경과 가깝게 생활할 수 있다는 것이 장점이겠다. 그러나 경골목구조에서는 나무가 가려져 있고 2×6 목재로는 천연 가습기 역할을 할 수 없다.

**감** 일반적으로 소비자들이 나무는 좋아하지만 실제로는 시트지나 필름, 합성수지를 사용하는 등 나무에 대한 기본적인 인식이 부족하다.

**배** 일반 소비자들은 시트지 접착에 대한 거부가 없다. 알루미늄 프레임 사용도 크게 불편하게 생각하지 않고, 많은 사람들이 비닐장판과 시트지를 사용해도 환경이 깨끗하면 좋은 집이라고 생각한다. 설계 시장을 봤을 때, 소비자들이 건축을 소비하는 방식은 유명 브랜드이거나 굉장히 저렴한 것을 선택하는 것, 둘 중 하나이다. 유명 브랜드의 아파트는 좋다고 생각하는 것이 그 예다. 단독주택을 지으려 마음 먹은 사람 중 좋은 건축주들은 자신의 삶에 맞는 주택을 경험하고 체험하겠다는 태도로 건축에 접근한다. 이런 사람들이 많아질수록 설계뿐 아니라 재료 역시 다양해지고 풍성해질 것이다.

**감** 다른 글에서 CLT를 사용한 '목조 아파트'를 언급했다. 간략하게 소개해 달라.

**배** 목조 아파트를 지어야 하는 이유는, 도시 목조화에 목적이 있기 때문이다. 철광석이나 석회는 수만 년 동안 지구가 축적해 온 유한 자원이지만, 나무는 약 30년만 자라면 사용할 수 있는 무한 자원이라는 면에서 효용성이 있다. 그리고 환경 보호 차원에서도 큰 영향력을 미칠 수 있다. 제로 에너지와 주택을 지향하면서 왜 건축 재료로 철과 콘크리트를 사용해야 하는지 역으로 질문할 수 있다. 재료의 가공 방식도 무한하고 자원 차원에서도 훌륭하다면, 도시 목조화에 반대할 이유는 없다. 더욱이 진보된 목조 기술도 개발되고 있으니 점진적으로 사용이 확산되어야 한다고 생각한다.

정리 양은혜 에디터

국립산림과학원 산림유전자원부 종합연구동

| | |
|---|---|
| 설계 | 배기철(울산대학교)+(주)건축사사무소 아이 디 에스(이도형) |
| 협력설계 | 토문엔지니어링 건축사사무소(최기철) |
| 위치 | 경기도 수원시 권선구 오목천동 |
| 대지면적 | 22,982㎡ |
| 연면적 | 4,552.55㎡ |
| 규모 | 지상 4층, 지하 1층 |
| 구조 | 목구조, 철근콘크리트 |
| 외부마감 | 목재널, FC패널 징크 |
| 완공 | 2016년 7월 |
| 사진 | 박영채 |

# Interview 3
## 재료 유희:
## 시어하우스(Shear House)

인터뷰
심영규 에디터

경상북도 예천에 위치한 시어하우스는 마을 입구인 서쪽에서 볼 때는 전형적인 박공 형태지만 주택의 입구인 동쪽으로 오면 반전을 볼 수 있다. 박공지붕이 가진 전형적인 모습에 변화를 주어 입면과 지붕이 빗겨난 형태로 만들었기 때문이다. stpmj는 박공지붕 형태를 하나의 나무 덩어리로 표현하고, 탄화 처리한 적송을 마감재로 사용했다. 이렇게 변형된 지붕은 남쪽에는 깊은 차양을, 북쪽에는 테라스를 만든다. 깊게 내민 지붕 처마는 여름과 겨울의 직사광선을 막는 장치가 된다.

**임미정**
**(stpmj 공동대표)**
연세대학교에서 주거환경학을 전공하고 로드아일랜드 디자인 스쿨에서 건축학사를, 하버드대학교에서 건축학 석사를 받았다. 미국 건축사이며 stpmj를 설립하기 전에 뉴욕의 앤드류 버만 아키텍츠에서 근무했다. stpmj라는 이름으로 뉴욕 젊은 건축가상(2012), 뉴욕 신진건축가상(2016), 김수근 건축상 프리뷰상(2016), 그리고 한국 젊은 건축가상(2016)을 수상했다. 현재 stpmj의 뉴욕 디렉터이고 홍익대학교 겸임교수로 출강하고 있으며 서울시 공공건축가로 활동하고 있다.

**감씨(갑)**    stpmj에게 재료, 특히 목재의 '가능성'과 '감각성'은 무엇인가?

**임미정(임)** 목재는 한국 사람들에게 친숙하면서도 다양한 규모의 작업들을 시도할 수 있는 재료라고 생각한다. 시어하우스(Shear House)를 디자인하면서 한국 시장에서는 건축 자재로 목재를 사용하기 쉽지 않다는 것을 알게 되었다. 구조 설계사를 구하기 어려워 구조 검토를 받는 것부터 난관이었다. 우리는 시공자들에게 역으로 질문을 받았는데, 우리나라에서 목조주택 검토는 시공자들 자신의 경험으로 시행함에도 구조 설계사의 검토가 왜 필요한지에 대한 내용이었다. 구조사들도 RC(철근콘크리트) 분야는 쉽게 구할 수 있는 반면에, 목구조는 아무도 하고 있지 않다. 한국 목구조협회에 문의하고서야 국내에 목조 구조사가 단 한 명 있다는 것을 알게 되었다. 우리나라에는 경량목구조 주택이 숱하게 많음에도 불구하고 목조 구조사가 한 명밖에 없다는 것은 매우 놀라운 일이다.

**갑** 시어하우스는 연면적이 100m²가 되지 않는 2층 건물로 구조 검토를 받아야 하는 규모가 아니지만 목조 구조사가 한 명밖에 없다니 놀랍다.

**임** 물론 이 건물이 법적으로 검토를 받을 만한 규모는 아니었지만 구조상 검토를 받아야만 했다. 특이하거나 독특한 공간이 들어가면 구조를 검토해야 하지 않나? 비용이 매우 비싼 목조 구조사가 있는 것 같았다. 그런 점에서 국내에서는 목조의 다양성을 추구하기 힘들겠다고 생각했다. 그리고 건축주가 내진설계 검증을 받길 원했으나 내진설계에 맞는 가이드라인도 없었다. 강도의 수치에 따라 어느 정도 버틸 수 있다는 정도의 내용만 있을 뿐 목구조의 데이터베이스는 없었다.

**갑** 지붕까지 목재로 지어진 건물은 한국에서 시도하기 쉽지 않은 프로젝트다. 사계절로 인하여 관리가 힘들어 소비자들이 지향하지 않는 것이 이유일 수도 있겠다. 이에 대한 도전은 어떠했나?

**임** 국내에서 목조주택 설계의 어려움이 기후에 있다는 데에는 동의하지 않는다. 미국 뉴욕을 보면 겨울에는 한국보다 춥고 눈폭풍이 불지만 목재를 지붕재로 많이 사용한다. 미국의 건축주들은 주택을 직접 관리하는 것이 보편적인 반면에 한국의 건축주들은 주택의 유지 보수와 관리를 귀찮아한다. 이 점이 한국에서 목재를 사용하기 어려운 이유라고 본다. 그리고 국내에서는 목구조가 튼튼하지 않을

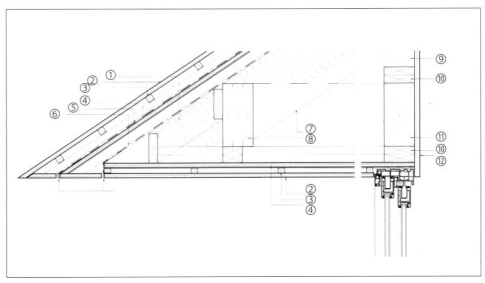
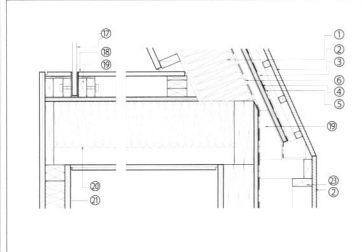
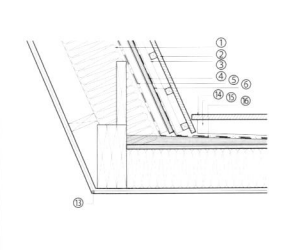

① 2x10 w/ 글래스울 단열
② 20T 우드 사이딩
③ 1"x1" subframes
④ 18T Plywood
⑤ EPDM
⑥ TYVEK
⑦ 2x10@600mm
⑧ (3)2×12
⑨ 2×6 Framing above
⑩ (2)2×6
⑪ PSL(133×302)
⑫ (2)12.5T 석고보드 위 도장 마감
⑬ 알루미늄 조이너(크랙 방지용)
⑭ 데크보드
⑮ 테이퍼드 데크 프레임
⑯ 단열재
⑰ 글래스 가드레일
⑱ 원목마루
⑲ 판목
⑳ 2×12 Framing w/ 글래스울 단열
㉑ 알루미늄 조이너
㉒ 2×10 w/ 글래스울 단열
㉓ 2×4 Framing

테라스

툇마루    거실    주방

것이라는 고정관념도 있다. 시어하우스의 목재는 열처리한 적삼목을 사용했다. 이론상 탄화목은 목재 내에 함수율이 없어 수축이나 팽창이 원래 목재보다 덜해 변형이 없기에 사용했다. 현재는 자외선으로 인해 색은 변했으나 아직까지 뒤틀림이 발견되진 않았다.

**갑** 처음부터 탄화목을 사용할 예정이었나?
**임** 그렇다. 탄화목은 효율적인 재료라고 생각하고 결과에도 만족한다. 국내에는 스타코를 마감 재료로 한 건축이 많다. 2009년 당시 뉴욕이 경제위기를 맞으면서 유학 중이던 많은 한국인 건축가가 귀국했다. 그리고 디자인과 맞춤형이 갖춰진 집을 2억 원 안팎에 지을 수 있다는 흐름이 붐을 일으킨 것이 그 배경이다. 기준치에 따라 효율성은 달라지는데, 시어하우스는 그와 비슷한 가격에 자신만의 색깔을 정확히 갖고 있는 집이기에 비효율적이라고 생각하지 않는다.

**갑** 시어하우스를 시작할 때 건축주의 특별한 요구가 있었나?
**임** 건축주는 목재로 된 별장을 짓고 싶어 했다. 은퇴 후 고향으로 돌아가 소일거리를 하면서 살고 싶은 꿈이 있었기에 건축 재료로 목재를 이야기했었다.

**갑** 일반적인 목조주택과는 거리가 멀다.
**임** 일반적인 목조주택이라면 경량목구조, 통나무집이다. 하지만 건축주는 실험적인 디자인 면에서 개방적이었다. 그러나 처음에 전형적인 박공지붕의 형태에서 벗어나 어긋난 부분을 보고 우려했던 적은 있었다.

**갑** 건축주를 어떻게 설득했나?
**임** 형태 자체가 대지에 환경적으로 적응하는 형태라고 설명했다. 북쪽이나 서쪽으로는 동네가 열려 있는 반면 경치는 좋다. 앞쪽으로는 동네를 내려다보는 향으로 어느 향으로 놔야 하느냐에 대한

이야기를 많이 나눴었다. 건물이 언덕에 있고 남서향을 보고 있으니 해를 받고 차양을 만드는 데 도움이 된다는 내용으로 설득했다. 지붕도 한국에서만 자주 쓰지 않는 방식일 뿐 건축적으로 새로운 시스템은 아니며 미국에서 많이 쓰이는 편이라고 설명했다.

**감** 결합 부분과 단열, 방염 및 방부 처리 등이 궁금하다.
**임** 레인스크린 개념이다. 비가 나무 사이로 뚫고 들어와도 방수처리가 되어 있어 떨어져나간다. 나무가 빗물을 막는 것이 아닌 그 아래에 설치된 방수처리가 비를 막는다. 방수시트는 가로세로로 교차하도록 두 개의 레이어로 씌워 방수처리를 한 다음 외장재로 막았다. 목재는 붙이지 않았으며 일정한 틈을 갖고 평행으로 끼어 있는 상태다. 이는 경량목구조 주택에서 쓰는 기술을 사용했으며 이를 통해 단열을 더한다는 개념은 없었다. 시공자들이 어려워하는 것 중 하나가 박공지붕이 아닌 살짝 비틀어져 있는 지붕 구조인데 막상 바닥에서 지붕을 다 짜서 크레인으로 들어 올리는 데에는 일주일도 채 걸리지 않았으며 구조가 세워지는 속도도 매우 빨랐다. 전체 시공은 4개월 걸렸다.

**감** 재료는 어떻게 조사했나?
**임** 미국에서 귀국한 지 얼마 되지 않았기에 정보가 많지 않았다. 그러나 한국은 웹사이트에 정보 공유가 잘 되어 있어 사이트 조사와 전화 통화, 업체 방문을 통해 빠르게 진행할 수 있었다.

**감** 일전에 '플랫폼의 중추'라는 다소 거창한 단어를 사용했다. 일반적인 건축가들은 플랫폼이 되겠다는 말을 하지 않는다. 나만의 키워드를 갖고 자신만이 할 수 있는 작업을 하길 원한다.
**임** 우리가 플랫폼이 되고 싶다는 이야기는 '태도'를 말한 것이다. 우리의 목표는 stpmj만의 스타일이 없었으면 좋겠다는 것이다. 스타일을 만들어 어떤 특징이 되는 것이 아닌 형태와 재료, 추구하는 것 등에 변화를 추구하여 사람들이 리서치를 할 때 우리를 찾아볼 수 있었으면 좋겠다. 결국 우리의 스타일이 나오겠지만 말이다.

**감** 앞으로 목재로 다른 실험을 한다면 무엇을 시도해보고 싶은가?
**임** 목재로 다양한 실험을 하고 싶지만 이를 받아줄 수 있는 클라이언트가 있을지 모르겠다. 만일 실험할 수 있는 여건이 된다면 목재만을 사용하고 싶지만, 건축주의 유지 보수가 문제일 것이다. 한국에서는 아직까지 건축 재료로 목재를 많이 사용하지 않는 것 같고 보통 황토집에 올리는 재료 정도로 여긴다. 한국에서 지붕재는 다양하지 않다. 주로 강판을 사용하지만 그것이 정답이라고는 생각하지 않는다. 미적으로나 한 덩어리의 위아래를 같은 재료로 사용한다는 데에서 싱글을 해보고 싶다.

**감** 한국은 기후와 독특한 건축문화 그리고 시공사 때문에 새로운 실험을 시도하기가 사실상 어렵다. 그걸 이겨낼 수 있는 비결이나 새로운 시도를 위해 필요한 것은 무엇이라고 판단하는가?
**임** 목재 시장이 열려 있지 않기에 소비자들이 제품을 구매할 수 없는 것도 목재를 사용하지 않는 이유가 되겠다. 미국에서는 당연한 것들이 이곳에서는 방법 자체가 없었다. 한국의 시공사는 그들의 의지가 중요함에도 불구하고 새로운 것을 시도해 보려는 의지가 약하다. 낮은 공사비로 시도하려는 것이 시간과 비용 대비상 맞지 않기 때문에 그 태도 자체를 기대하기 어려웠다.

정리 양은혜 에디터

시어하우스 (Shear House)

| | |
|---|---|
| 설계 | 이승택, 임미정 |
| 위치 | 경상북도 예천군 호명면 내신리 |
| 대지면적 | 647㎡ |
| 연면적 | 99.16㎡ |
| 규모 | 지상 2층 |
| 구조 | 철근콘크리트 매트기초 위 경량목구조 |
| 완공 | 2016년 4월 |
| 사진 | 송유섭 |

# Supplement

# 목재 가공 업체 및 전시장 정보

최근 사회 전반적으로 미국의 '차고 문화'나 '제작 운동' 등이 유행하고 있다. 그러나 막상 시도하려 하니 여러 제약 때문에 쉽지 않다. 이에 목재의 물성과 재료의 감각을 깨워줄 공방 여섯 곳을 소개한다. 모두 공간과 장비 등을 제공하는 곳이다. 간단한 수업과 프로그램도 있으니 시간 내서 참여해 볼 수 있다. 특히 최근 개장한 '가라지가게'는 건축가가 사무실 1층의 차고를 개조해 만든 공방이다. 개라지(Garage, 차고)에서 시작된 이곳은 와이즈건축이 입주해 있는 건물의 차고를 개조한 공간으로 차고가 지니는 다양한 의미를 철학으로 삼았다. 단순히 전시와 판매를 목적으로 하지 않고 나무를 사용한 다양한 수납공간을 함께 만들며 이야기를 나눈다는 것이다. 주문 제작 시에는, 건축가와 소비자가 함께 직접 설치할 경우 가격이 할인된다. 함께 가구를 즐기면서 만들자는 취지다.

양은혜 에디터

※
도서 재판일(2024년 7월)을 기준으로 운영하지 않거나 표기된 정보의 변경이 있는 업체도 있으니 반드시 확인하도록 하자.

**❶ 금천구 무한상상스페이스**

금천구 무한상상스페이스는 지역 내에 잠재된 창작자를 장려하며 공간과 장비를 지원한다. 분야는 목공과 레이저커터, 봉제이며 교육 또한 장비를 사용할 수 있는 데 중점을 두고 있다. 목공 관련 공간으로는 목재 공간과 개인 창업 공간, 미팅룸으로 구성되어 있다. 목재의 절단은 능력카드 보유자에 한해 직접 수행해야 하며, 능력카드는 각 수업의 후반에 장비 사용 테스트를 통과한 자, 그 외의 테스트 절차에 통과한 자에 한하여 발급된다. 수업은 금천구청 사이트를 이용하고, 능력카드 테스트 예약은 유선으로 금천구 무한상상스페이스에서 할 수 있다. 올해부터는 장비를 안전하게 사용하기 위해 상주 운영진이 배치될 예정이다. 보유 장비는 슬라이딩 각도 절단기, 드릴프레스(drill press), 스크롤소(scroll saw), 테이블소(table saw), 트리머(모델명: makita), 원형샌더(모델명: makita) 등이 있다. 운영시간은 화요일부터 토요일 9시~18시까지다.

| 주소 | 서울시 금천구 금하로 783 |
| --- | --- |
| 사이트 | www.facebook.com/gcideaall |
| 연락처 | 노현진 주무관, 02-2627-2192 |

## ❷ 나무가게 공유

가구제작 동호회를 중심으로 가구 주문
제작과 인테리어를 병행하며 운영하고 있다.
동호회에서 운영하는 1개월 과정의 기초
수업은 8만 원(재료비 별도)으로, 이후 회원이
원하는 가구를 선정해 도면과 디자인 작업을
하며 이를 보완하는 형식으로 진행한다.
작업이 가능한 회원들과 작업실을 공유하고
있으며 목재는 공방을 통해서 구입하는 것을
원칙으로 한다. 싱크대, 홈 인테리어, 카페
내 원목 인테리어도 가능하며 주로 사용하는
수종은 집성목과 가문비나무다. 목재 절단은
도면에 따라 5천 원, 1만 원 정도로 유료다.
보유 기계와 장비는 테이블소(table saw),
각도절단기, 라우터(router), 트리머(trimmer),
드릴프레스(drill press), 밴드소(band saw),
라우터(모델명: D4R) 등이 있다. 주로 집성목과
연목을 사용하며 연중무휴로 10시~20시까지
운영한다.

| 주소 | 서울시 강북구 한천로 985 |
|---|---|
| 사이트 | www.0udiy.com |
| 연락처 | 고동훈 목수, 02-990-0490 |

## ❸ 가라지가게

가라지가게는 와이즈건축 장영철 소장이 목재 수납가구를 제작하고 판매하는 가게다. 자작나무 합판wen04-4-4을 켜서 만든 막대기로 간단한 구조의 수납장, 책장, 의자, 테이블 등을 맞춤 제작하여 주로 취급한다. '빼빼'라는 별명을 가진 이 막대가구는 약해 보이지만 균형과 내구성을 갖춘 구조물로, 바닥부터 천장까지 이어져 흔들림 문제를 해결한다. 빼빼가구의 장점은 일상 공간의 부피나 가격, 관리의 부담 없이 편리하게 활용할 수 있고 대량생산이 가능하며, 제작 공정이 단순해 저렴한 가격대로 구매할 수 있다는 것이다. 특히 빼빼장은 벽을 최대한 활용할 때에 바닥이 정리되어 여유로운 거주 공간을 제공한다. 자작합판을 사용해 단위 부재로 프리커팅한 뒤 손실을 최소화하고 간단한 조립으로 '빼빼장'과 '빼빼책장', '빼빼체어'를 만들었다. 무게는 7kg 남짓으로 가볍지만 튼튼하다. 다양하게 개인화해 선반과 의자 등의 가구를 주문 제작할 수 있다. 가라지가게는 간결한 구조로 간결한 것을 만들어 삶의 여백을 만드는 방식을 꿈꾼다. 평일 9시 30분부터 18시 30분까지 운영되며, 주말은 정기 휴무일이다.

| 주소 | 서울시 성동구 무수막18길 10 |
|---|---|
| 사이트 | www.garagegage.com |
| 연락처 | 장영철 대표, 02-2256-9072 |

## ❹ 가구래 두더지공방

가구 주문 제작과 열쇠회원의 작업 공간으로
운영하며 목공 수업 '원데이 클래스'를
진행하고 있다. 열쇠회원은 작업실 공유가
가능한 작업자로, 공방 열쇠를 소유한 회원을
가리킨다. 원데이 클래스는 제작 규모에 따라
비용이 다르며 소도마, 무드등, 서랍, 좌탁 등을
하루 만에 만들어 볼 수 있다. 그 외에 목수가
하루 만에 만들 수 있는 도면을 직접 제작해
식탁, 책상, 소파, 침대 등 규모가 큰 가구를
완성하는 클래스도 이벤트처럼 진행한 바 있다.
보유하고 있는 장비로는 테이블소, 수압대패,
자동대패, 드릴프레스, 밴드소, 라우터 테이블,
각도절단기 등이 있다. 보유 수종 중 경목은
적참나무Wfi02, 백참나무Wfi01, 호두나무Wfi06
Wfu05, 벚나무Wfi09, 마호가니Wfe07,
너도밤나무Wfi14, 물푸레나무Wfi04,
오리나무Wfi17, 흑단Wfi13, 삼나무Wfe02가
있으며 연목은 가문비나무Wfe01, 소나무Wtc02
Wc01, 편백나무Wtc03 Wfi12, 자작나무Wfu07,
나왕Wtc04, 멀바우Wfe04, 고무나무Wtc05,
일명 소송으로 칭하는 러시아 소나무가 있다.
주로 사용하는 수종은 참나무Wc03, 호두나무,
가문비나무, 소나무로 다른 공방에 비해 보유
수종이 다양하다. 연중무휴로 개방되어 있으며
따뜻한 커피 한 잔이라면 목수와 목재에 관한
이야기를 편하게 나눌 수 있다. 평일에는 9시
30분부터 19시 30분까지, 주말에는 9시
30분부터 17시까지 운영된다.

| 주소 | 서울시 서초구 동작대로108 디오슈페리움2차 B401호 |
| --- | --- |
| 사이트 | blog.naver.com/kpoicom |
| 연락처 | 박경래 목수, 010-8944-3420 |

## ❺ 나무와늘보

공동 작업장과 '내맘대로목공' 수업을 중심으로 운영된다. 목재에 대한 올바른 이해와 목공을 시작으로, 주거환경을 스스로 유지 관리 및 제작할 수 있는 문화를 확산시키는 데에 목적을 두고 교육 프로그램을 진행한다. 기본반 수업은 총 8주로 이론과 실기 수업을 절반씩 진행한다. 보유 장비와 도구는 교육을 중심으로 운영되는 공간이기에 상업 목공소보다 공작기계가 많은 편이다. 자동/수동 대패, 밴드소, 라우터, 테이블소 등이 있으며 주로 소나무를 사용한다. 비싼 수종보다 일반적인 수종으로 디자인과 설계의 전문성을 기르도록 유도한다. 목재 절단은 목수가 직접 목재를 본 후 종류에 따라 절단 가능 여부와 방식을 결정하고, 그에 맞춰 가격이 정해진다. 50만 원을 지불하는 기초반 수업 이후부터는 끌작업, 짜맞춤, 장부맞춤 등 작업자의 의지에 따라 무료 지도로 진행된다.

| | |
|---|---|
| 주소 | 경기도 고양시 덕양구 삼송로205번길 51 1층 |
| 사이트 | cafe.naver.com/namoowanulbo |
| 연락처 | 황연주 목수, 010-8910-0056 |

## ❻ 아빠손나무스튜디오

지하 1층의 목공방과 2층의 카페를 함께 운영한다. 카페 내부에서는 목수가 직접 만든 가구를 경험할 수 있고 수업은 한 달 과정의 기초 과정을 3번 반복한다. 도면, 수치화, 마감(재단 제외)까지 지도하며 기초 과정 수업료는 월 25만 원(셋째 달만 재료비 별도)이며 짜맞춤 수업은 월 30만 원이다. 보유 장비는 테이블소, 밴드소, 각도톱 등이 있으며 작업 공간이 필요한 이들을 대상으로 월 단위의 비용으로 작업실을 공유한다. 목재 절단은 방법에 따라 가격이 다르다. 수업은 매달 첫 번째 화요일에 시작하며 사전 등록을 권한다. 카페는 10시~15시까지, 목공방은 늦은 저녁까지 개방한다.

| | |
|---|---|
| 주소 | 서울시 성북구 보문로34길 96 |
| 사이트 | www.papashandwood.com |
| 연락처 | 신동호 목수, 010-2242-2764 / 02-6012-8381 |

# 목재 가공 업체 및 전시장 정보

## Index

| 취급 수종 | 서비스 | 도소매 | 응대 |
|---|---|---|---|
| ◎ 종합 목재 | ㉑ 한옥재 | 도 도매 | 상 상 |
| ◉ 가설재 | ㉓ 조경재 | 소 소매 | 중 중 |
| ● 구조재 | ◉ 온라인 판매 | 도소 도소매 | 하 하 |
| ● 내장재 | ㉠ 자체 시공 가능 | | |
| ● 외장재 | | | |
| ● 가구재 | | | |
| ● 가공목재 | | | |

## 인천목재단지

### ❶ 가림목재 ◎ 도소 하
| | |
|---|---|
| 전문 취급 수종 | 구조재, 외장재, 내장재, 방부목 |
| 특성 | 제재목 및 주문재, 방부목, 데크재, 몰딩, 구조재 취급 |
| 담당자 | 032-565-6223, glwood6223@naver.com, galimwood.modoo.at |
| 주소 | 인천광역시 서구 누리로 20 |

### ❷ 건화목재 ◎ 도소 ◉ 상
| | |
|---|---|
| 전문 취급 수종 | 가설재, 구조재 내장재, 외장재 |
| 특성 | 대부분의 제재목, 합판 취급 |
| 담당자 | 070-4414-6001, kwwood2@naver.com, kwwood.com |
| 주소 | 인천광역시 서구 호두산로 107 |

### ❸ 경민산업 ● 도소 ㉑ ㉠ 하 상
| | |
|---|---|
| 전문 취급 수종 | 구조용집성재, 목조건축 건축 자재(패시브 하우스) |
| 특성 | 대형 3D CAD/CAM 보유, 대형부자재 곡선 절단 가능 |
| 담당자 | 032-575-7871, kmbeam@kmbeam.co.kr, kmbeam.co.kr |
| 주소 | 인천광역시 서구 건지로 284번길 112 |

### ❹ 경원 ● 도소 ㉑ ㉠ 상
| | |
|---|---|
| 전문 취급 수종 | 목조주택, 한옥 및 사찰자재, 조경시설물, 데크 |
| 특성 | 제재 가공 방부까지 원스톱 시스템 도입, 내장재도 소량 취급 |
| 담당자 | 최봉희, 032-583-4213~5, kwtimber@hanmail.net, woodkw.co.kr |
| 주소 | 인천광역시 서구 봉수대로170번길 21 |

### ❺ 구일특수목재 ◎ 도 중
| | |
|---|---|
| 전문 취급 수종 | 천연 특수목 데크재 수입, 집성재 제조 |
| 특성 | 수입 목재 가공 및 판매 |
| 담당자 | 032-565-0964, guiltimber.co.kr |
| 주소 | 인천광역시 서구 북항로193번길 12 (원창동) |

### ❻ 대덕목재 ◎ 도소 ㉑ ㉠ 상
| | |
|---|---|
| 전문 취급 수종 | 가설재, 외장재, 무늬목 |
| 특성 | 주문생산 |
| 담당자 | 윤민숙, 032-579-4604, daedukwood.co.kr |
| 주소 | 인천광역시 서구 보도진로 57 |

### ❼ 대방목재 ◎ 도 ㉑
| | |
|---|---|
| 전문 취급 수종 | 가설재, 내장재, 한옥재 등 |
| 특성 | 침엽수 원목 수입 및 가공 |
| 담당자 | 032-573-1333, dblumber@naver.com, dblumber.co.kr |
| 주소 | 인천광역시 서구 건지로 109번길 7 |

### ❽ 성창특수목재 ◎ 도소 ㉠ 하
| | |
|---|---|
| 전문 취급 수종 | 해외 목재 수입 |
| 특성 | 가공재와 데크재도 취급 |
| 담당자 | 010-5322-9511, master@wood21.co.kr, wood21.co.kr |
| 주소 | 경기도 김포시 대곶면 약산로 136 |

### ❾ 대현목재 ◎ 도소 ㉑ ㉠ 상
| | |
|---|---|
| 전문 취급 수종 | 하드우드 전문(자라목, 캐리목, 멀바우, 그라피아) |
| 특성 | 원자재 직수입해 제재, 가공 및 건조 시설 |
| 담당자 | 남궁원, 032-577-7667~8, dhw77.co.kr |
| 주소 | 인천광역시 서구 북항로363번길 27 |

### ❿ 상아목재 ◎ 도소 상
| | |
|---|---|
| 전문 취급 수종 | 러시아산 데크재 및 적송가구재 |
| 특성 | 건조각재, 방부재, 적삼목 주로 판매 |
| 담당자 | 유만길, 032-564-4800, sangatimber.com |
| 주소 | 인천광역시 서구 마중로 67 |

### ⓫ 시우팀버 ◉ 도소 ㉑ ㉠ 상
| | |
|---|---|
| 전문 취급 수종 | 내장재, 외장재, 조경재 등 |
| 특성 | 대부분 목재와 특히 특수목(고무나무) 취급 |
| 담당자 | 당우빈, 032-578-0080, swtb0080@naver.com, 원목.kr |
| 주소 | 인천광역시 서구 원석로 90번길 12 |

### ⓬ 에스와이우드 ◎ 도소 상
| | |
|---|---|
| 전문 취급 수종 | 북미산 하드우드, 애쉬, 레드오크, 체리, 월넛 등 |
| 특성 | DIY공방 보유, 대부분의 목재 취급, 소량 판매 및 주문 집성 가능 |
| 담당자 | 032-578-1500, sywood07@naver.com, sywood.co.kr |
| 주소 | 인천광역시 서구 경인항대로 17 |

### ⓭ 에이스임업 ◎ 도소 상
| | |
|---|---|
| 전문 취급 수종 | 패션판넬, 낙엽송, 다양한 합판 및 판넬 |
| 특성 | 러시아, 중국 낙엽송 수입 및 가공, 프린트 목재 주력 판매 |
| 담당자 | 하종범, 1670-5100, ace16705100@hotmail.com, iwood.net |
| 주소 | 인천광역시 서구 원석로196번길 26 |

### ⓮ 우드드림 ● 도소 ㉑ ◉ ㉠ 상
| | |
|---|---|
| 전문 취급 수종 | 대부분의 목재 가공품 취급 |
| 담당자 | 김태권, 1899-4957, wdwdwood@naver.com, wooddream.net |
| 주소 | 본점: 인천광역시 서구 승학로 483번길 22-3, 102호 |
| | 물류창고: 인천광역시 서구 원창동 475-7 |

### ⓯ 토탈우드 ● 도 중
| | |
|---|---|
| 전문 취급 수종 | 합판, MDF, 데크재 등 |
| 특성 | 대부분의 가공목재 취급 |
| 담당자 | 김성남, 032-889-0040~1, nfwood@hanmail.net, totalwood.co.kr |
| 주소 | 인천광역시 서구 봉수대로 291 |

### ⓰ 태원목재 ◎ 도소 ㉑ ◉ 상
| | |
|---|---|
| 전문 취급 수종 | 적삼목, 하드우드, 특수목, 구조재, 방부목, 프리컷 등 |
| 특성 | 프리컷 브랜드 보유. 한옥구조팀 별도, 적삼목 같은 특수목을 주로 취급 |
| 담당자 | 심연근, 032-578-8500~3, wood.co.kr |
| 주소 | 인천광역시 서구 원창동 북항로 116번길 |

**①** 가림목재

**⑩** 상아목재

**⑫** 에스와이우드

**⑭** 우드드림

**⑤** 구일특수목재

**②** 건화목재

**⑯** 태원목재

**⑪** 시우팀버

**⑨** 대현목재

**⑬** 에이스임업

**⑮** 토탈우드

**⑦** 대방목재

**③** 경민산업주식회사

**⑧** 대신특수목재

**⑥** 대덕목재

**④** 경원목재

## 그 외 인천 지역

### 계림팀버 ◎ 도 소 ⬆

| | |
|---|---|
| 전문 취급 수종 | 무늬목 해외 직수입 |
| 특성 | 중국산 무늬목 수입 및 가공 판매 |
| 담당자 | 0507-1400-6286 |
| 주소 | 인천광역시 서구 원당대로265번길 34 |

### 영림목재 ◎ 도 소 中

| | |
|---|---|
| 전문 취급 수종 | 특수목 |
| 특성 | 유통까지 직접 수행 |
| 담당자 | 0507-1327-9051 |
| 주소 | 인천광역시 남동구 논현고잔로 63 |

### 채림합판목재 ◎ 도 소 ⬇

| | |
|---|---|
| 전문 취급 수종 | 합판, 석고보드 집성목, 인테리어 부자재 |
| 특성 | – |
| 담당자 | 032-427-5443, chelim5443@hanmail.net, 복음목재.com |
| 주소 | 인천광역시 남동구 백범로 415 |

### 종섭합판목재 ◎◎ 도 소 👆 ⬆

| | |
|---|---|
| 전문 취급 수종 | 합판, 집성목 |
| 특성 | – |
| 담당자 | 032-463-1797, jongseop1797@hanmail.net, jspwood.web2002.kr |
| 주소 | 인천광역시 남동구 인주대로 805, 104호 |

### 해안실업주식회사 ◎◎ 도 소 👆 T ⬆

| | |
|---|---|
| 전문 취급 수종 | 구조재, 외장재, 내장재 |
| 특성 | 국내 최초 원목 방염마루, 조경시설물과 금속구조물, 창호 등 인테리어 공사 |
| 담당자 | 안명환, 032-811-8768~9, haean72@nate.com, www.haean.com |
| 주소 | 인천광역시 남동구 앵고개로 621번길 77 |

## 서울/경기 지역

### 삼익산업 ◎ 도 ⬆

| | |
|---|---|
| 전문 취급 수종 | 내장재, 외장재 |
| 특성 | 목재뿐 아니라 단열재도 판매 |
| 담당자 | 1588-3648, webmail@siwood.com, siwood.com |
| 주소 | 경기도 광주시 경충대로 1896 |

### 쎌포 ◎ 도 소 ⬆

| | |
|---|---|
| 전문 취급 수종 | 무늬목, 우드타일 전문 |
| 특성 | 무늬목 전문, 우드타일 등 자체 상품 개발 |
| 담당자 | 02-511-1990, vedeko@hanmail.net, cellfor.co.kr |
| 주소 | 서울시 강남구 학동로 164 |

### 유림목재 ◎ 도 소 ⬆

| | |
|---|---|
| 전문 취급 수종 | 특수목 |
| 특성 | 홍송, 하이그레드(미송), 아프리카산 벚나무 주로 판매 |
| 담당자 | 02-3158-3131, Yoolim@yoolim.net, www.yoolim.net |
| 주소 | 경기도 김포시 양촌읍 구래로 124 |

### 주이산업개발 ◎ 도 소 T ⬇

| | |
|---|---|
| 전문 취급 수종 | 데크재, 마루재, 계단재, 루버 등 |
| 특성 | – |
| 담당자 | 032-578-9040, jueewood.co.kr |
| 주소 | 경기도 김포시 통진읍 검암2로 103 |

### 창원목재 ◎ 도 소 👆 ⬆

| | |
|---|---|
| 전문 취급 수종 | 내장재를 중심으로 대부분의 목재 취급 |
| 특성 | |
| 담당자 | 02-847-4134, yahonayada@hanmail.net, changwonwood.com |
| 주소 | 서울시 영등포구 도신로 153 |

### 엔에스홈 ◎◎ 도 소 👆 T ⬆

| | |
|---|---|
| 전문 취급 수종 | 구조재, 외장재, 내장재 |
| 특성 | 친환경 건축 자재 전문업체, 전원주택, 목조주택용 자재와 철물 판매 |
| 담당자 | 박찬주, 031-766-0800, nshome.net |
| 주소 | 경기도 광주시 오포로456번길 5 |

### PS 종합목재 ◎ 도 소 ⬆

| | |
|---|---|
| 전문 취급 수종 | 내장재, 가구재 |
| 특성 | 무늬목 제외한 대부분의 목재 취급 |
| 담당자 | 조춘례, 031-767-5588, www.pswood.co.kr |
| 주소 | 경기도 광주읍 오포로 770 |

## 기타 지역

### 성경종합목재 ◎◎ 도 소 中

| | |
|---|---|
| 전문 취급 수종 | 내장재 |
| 특성 | 합판, 각재 중심, MDF E1 취급(멀바우, 애쉬 등 특수목 취급) |
| 담당자 | 02-1666-7366, web@skwood.co.kr, skwood.co.kr |
| 주소 | 서울시 광진구 자양로 228-1 |

### 성창목재 ◎◎ 도 소 👆 ⬆

| | |
|---|---|
| 전문 취급 수종 | 마루, 합판, 내장재 |
| 특성 | 국내 조림 및 벌채수종으로 유통, 다양한 마루재와 합판 취급, 서울 대리점에서 샘플 관람 가능 |
| 담당자 | (부산본사)051-260-3333, (서울)02-6255-0200, sce.co.kr |
| 주소 | (본사)부산광역시 사하구 다대로 627 (서울)서울시 강남구 언주로 727 |

### 성창합판 ◎ 도 中

| | |
|---|---|
| 전문 취급 수종 | 합판 |
| 특성 | – |
| 담당자 | 055-267-1212 |
| 주소 | 경상남도 창원시 의창구 외동반림로 280 |

### 월드건축자재 ◎◎ 도 소 👆 ⬆

| | |
|---|---|
| 전문 취급 수종 | 구조재, 외장재, 내장재 |
| 특성 | 목재와 함께 사용할 수 있는 도료도 판매함 |
| 담당자 | 042-545-9411, wwoodkr@naver.com, wwood.kr |
| 주소 | 대전광역시 유성구 유성대로 44 |

## 유림목재를 거닐다

고양시 덕양구 덕은동에 있는 유림목재는 30년간 목재의
숨결을 간직해 왔다. 이곳에는 나무를 전시하고 판매하는
곳을 넘어 목재를 직접 만지고 볼 수 있는 목재문화원이
있다. 각종 수종과 목재를 한곳에 모아 볼 수 있는 원목
야적장과 다양한 목재의 쓰임을 눈으로 확인하고 느낄
수 있는 예재관, 목재 스튜디오, 그리고 전시 공간이 있다.
그러나 덕양덕은도시개발구역에 편입돼 2018년 사라지게
된다. 아직 나무의 혼이 남아 있는 이 공간을 ITO LIM
작가의 손으로 기록했다.

## 참고자료

### 단행본

차재경. 『목재와 문명』. 서울:국민대학교출판부, 2006

정희석. 『목재와 인류생활』. 서울:서울대학교출판부, 2004

Jackson, Albert · Day, David. 『아름다운 목가구 만들기』. 김재목(역). 경기:다섯수레, 2006

《두파!》 편집부, 『DIY 소재&도구 백과』. 황세정(역). 서울:한스미디어, 2014

Flexner, Bob. 『Bob Flexner의 목재 마감 101』. 최석환(역). 서울:씨아이알, 2013

Allen, Edward · Iano, Joseph. 『건축시공 및 재료학』. 이한승(역). 서울:시공문화사, 2010

### 기관물

산림청. 『산림과 임업기술4』. ISBN: 9788988960080. 2000. 1. 1

### 논문

주린원. 「우리나라의 목재수급 동향과 전망」. 한국산림경영인협회 학술논문, 2004

### 웹사이트

국제산림관리회 목재 데이터베이스 www.lesserknowntimberspecies.com

대한목재협회 dmh.or.kr

우드케어 www.woodcare.co.kr

## 컨트리뷰터

배기철(건축사사무소아이디에스 총괄소장, 울산대학교 교수) 02-554-4422, kcbae@idskorea.com

육상수(『우드플래닛』 발행인) www.woodplanet.co.kr, 02-722-4311, dhlee@woodplanet.co.kr

이재성(지음재 아키텍츠 대표) www.zmj.kr, 02-792-5426, zmj.co.kr@gmail.com

이한식(경민산업 대표) www.kmbeam.co.kr, 032-575-7871, kmbeam@kmbeam.co.kr

임경수(셀포우드 대표) www.cellfor.co.kr, 02-511-1990, vedeko@hanmail.net

임미정(stpmj 공동대표) www.stpmj.com, 02-497-1397, info@stpmj.com

# Index
# of Wood

목재는 천연목재와 가공목재로 구분되며 천연목재는 건축 재료로
가설재, 구조재, 내장재, 외장재, 가구재 등으로 구분한다. 앞에
W는 목재 코드이며, 두 자리 영문 소문자는 사용되는 위치별로
각각 tc:가설재, c:구조재, fi:내장재, fe:외장재, fu:가구재,
en:가공목재로 분류했다. 마지막 두 자리 숫자는 수종별로
분류했으며, 적은 숫자일수록 책에 자주 등장하는 주요 목재다.
가문비나무의 경우 그 특성상 내장재, 외장재, 가구재에 두루
사용된다. 같은 수종이라도 사용되는 부위에 따라 다른 코드값을
가지게 된다. 반대로 회색으로 처리된 목재는 유통되지만 책에
등장하지 않는 목재다.

# WOOD

## 가설재 Wtc

| Wtc 01 | 솔송나무(Hemlock, 헴록) = 미송, 뉴송, 소송 | p.40 |
| Wtc 02 | 소나무(Red pine, 레드 파인) | |
| Wtc 03 | 편백나무(Cypress, 사이프러스) | |
| Wtc 04 | 나왕(Lauan) | p.40 |
| Wtc 05 | 고무나무(Rubber wood) | |
| Wtc 06 | 떡갈나무(Daimyo oak) | |
| Wtc 07 | 백양나무(Aspen) | |
| Wtc 08 | 주목나무(Yew) | |
| Wtc 09 | 유틸(Utile) | |

## 구조재 Wc

| Wc 01 | 소나무(Red pine, 레드 파인) | |
| Wc 02 | 낙엽송(Larch) | p.41 |
| Wc 03 | 참나무(Oak) | p.42 |
| Wc 04 | 솔송나무(Hemlock, 헴록) = 미송 | p.40 |
| Wc 05 | 삼나무(Japanese ceder, 스기) | p.41 |
| Wc 06 | 전나무(Niddle fir) | p.41 |
| Wc 07 | 오동나무(Paulownia) | p.44 |
| Wc 08 | 느티나무(Sawleaf Zelkova, 게야끼) | |
| Wc 09 | 잣나무(Nut pine) | |
| Wc 10 | 라민(Ramin) | |
| Wc 11 | 리기다소나무(Pitch pine) | |
| Wc 12 | 화백(Sawara cypress) | |
| Wc 12 | 해송(Black pine) | |

가설재는 건축의 시공 과정상 임시로 설치되고 해체되는 부재로, 저렴한 목재가 주로 사용된다. 가볍고 밀도가 낮고 목질이 물러 가공이 용이하다.

구조재는 내부에서 상층의 힘을 받는 내력벽과 기둥, 하지재 등으로 사용된다. 주로 소나무, 삼나무, 낙엽송, 참나무다.